课堂感觉

——教育想象力探寻

王振刚　著

北京大学医学出版社

KETANG GANJUE ——JIAOYU XIANGXIANGLI TANXUN
图书在版编目（CIP）数据

课堂感觉：教育想象力探寻/王振刚著. —北京：北京大学医学出版社，2012.9
 ISBN 978-7-5659-0432-5

Ⅰ.①课… Ⅱ.①王… Ⅲ.①高等学校—课堂教学—教学研究 Ⅳ.①G642.421

中国版本图书馆 CIP 数据核字（2012）第 172844 号

课堂感觉——教育想象力探寻

著：王振刚
出版发行：北京大学医学出版社（电话：010-82802230）
地　　址：(100191) 北京市海淀区学院路 38 号　北京大学医学部院内
网　　址：http://www.pumpress.com.cn
E - mail：booksale@bjmu.edu.cn
印　　刷：北京京华虎彩印刷有限公司
经　　销：新华书店
责任编辑：靳新强　　责任校对：金彤文　　责任印制：苗　旺
开　　本：880mm×1230mm　1/32　　印张：7　　字数：202 千字
版　　次：2012 年 9 月第 1 版　2013 年 6 月第 2 次印刷
书　　号：ISBN 978-7-5659-0432-5
定　　价：30.00 元

版权所有，违者必究
（凡属质量问题请与本社发行部联系退换）

本书由
　　北京大学医学科学出版基金
　　　　　　　资助出版

序

拙著《师生对话之道》脱稿之后，似乎话犹未尽，一位友人问我下一本书是什么，我说可能要写写教学想象力方面的问题。这可能是受了英国哲学家、教育家怀特海的一句话的影响，他说一个大学如果没有想象力就什么也不是。后来美国教育家艾斯纳的名著《教育想象——学校课程设计与评价》中文译本出版，我如遇知己，特别是对他提出的一整套的教育批评的理论和方法，更加喜爱。所以，我在听课的时候关注的问题，除了师生对话就是课堂想象力。我记了大量的听课笔记，这些笔记不是老师讲课的记录，而是从教育学出发，描述了老师讲课的课程设计、内容的多少、教学方式方法、对于度的掌握、老师讲课的风格、提什么问题、是否开展讨论、课堂的情绪等。教育批评如同文艺批评一样，目的是揭去事件的神秘面纱，让人们了解真实的情况和细节，对隐含的深层意义给予指引和发掘，对存在的问题加以讨论，为心系教育的人们，特别是年轻的教师加强教学能力和职业思考能力提供参考。

本书分为6章，第一章"听课十记"是笔者2008年和2009年教学督导工作的总结；第二章至第五章是2010年和2011年写的4种听课笔记，包括预防医学、流行病学、医学心理学和基础医学的"以问题为中心的教学"，这些笔记详细描述了我的课堂感觉和对教育想象力的探寻；第六章是从哲学和美学的角度分析"少讲多练从案例出发"就是对度的把握和对美的追求。

教育批评不是光挑毛病不看优点，而是学习欣赏和提出问题，既看优点也看缺点，在本书中这种评论实际上是对课堂想象力的探寻和思考。因此，老师讲的和没讲的，课堂上有的和没有的，都是我所关注的。我所赖以讨论分析的资料是我的听课笔记和与师生的交流，由于本人的教育理论特别是哲学水平有限，虽然本意在尽量恰当地分析问题，但难免主观和肤浅，错误和疏漏之处，望读者指正。我要感谢那些我所听过课的老师，他们的课程以及与他们的交流让我受益，让我思考，促使我对教育和哲学理论的学习，我愿意把这些想法写出来与他们分享。

王振刚

2012年2月1日

于北京大学医学部

目 录

第一章　听课十记 ………………………………………… 1
　一、我的视角 …………………………………………… 1
　二、学会反思 …………………………………………… 2
　三、什么是精 …………………………………………… 3
　四、提问不简单 ………………………………………… 4
　五、电影议题 …………………………………………… 5
　六、说改就改 …………………………………………… 7
　七、上座率 ……………………………………………… 9
　八、别太科普 …………………………………………… 10
　九、学习的快乐 ………………………………………… 11
　十、课程需要做减法 …………………………………… 12

第二章　预防医学听课笔记 …………………………… 14
　一、转基因水稻是否安全 ……………………………… 14
　二、引人深思的世界 …………………………………… 17
　三、公共卫生思路的脊梁骨 …………………………… 20
　四、职业卫生离我们有多远 …………………………… 22
　五、分清轻重缓急 ……………………………………… 25
　六、什么是预防医学的体系框架 ……………………… 27
　七、少就是多的辩证法 ………………………………… 31
　八、为什么讲得越细越不爱听 ………………………… 35
　九、课程设计要量体裁衣 ……………………………… 39
　十、技术与研究的区别 ………………………………… 42

十一、食物中毒——从例子中学习 46
十二、教什么、怎么教 50
十三、卫生经济学的意义 53
十四、健康行为干预 55
十五、让思维更宏观一点 57
十六、为考试而复习 61
十七、我想整理一下我的思路 62
十八、一年后再听食物中毒 63
十九、一年后再听氟中毒 66
二十、职业卫生——开胸验肺的悲剧 70
二十一、纳米材料与健康 73

第三章 流行病学听课笔记 79

一、一门新课程——如何讲绪论 79
二、学习案例要比记住定义有趣 81
三、证实与证伪 83
四、过程重于结论 87
五、幽默是调味剂 90
六、诊断的真实性 93
七、对学生的问题要敏感 96
八、以问题为中心 97
九、处理好几个关系 99
十、如何考试 101
十一、大学生的好奇心 103
十二、掌声笑声不断的课堂 105
十三、再听流行病学 107
十四、掌握一个"度" 109
十五、流行病学听课总结 110

第四章 医学心理学听课笔记 112

一、心理学家能猜人的心理吗 112

目 录

二、什么是心理学的难题 …………………… 115
三、器官移植能改变性格吗 …………………… 118
四、为什么不敢离开教学大纲 ………………… 120
五、不要绝对相信自己的感知觉 ……………… 124
六、实验成功了 ………………………………… 127
七、让系统搅动起来 …………………………… 131
八、人格形成 …………………………………… 133
九、健康人格标准 ……………………………… 136
十、大学生的心理压力是什么 ………………… 139
十一、让我们讨论心理障碍的原因 …………… 141
十二、有条件的爱和无条件的爱 ……………… 144
十三、应激与心身疾病 ………………………… 146
十四、学生的英文讲演 ………………………… 148
十五、男孩的 IQ 真不达标吗 ………………… 149
十六、为什么不上课也能得高分 ……………… 152
十七、讲心理测验不如让学生亲自做 ………… 156
十八、是否有你妈妈的身影 …………………… 157
十九、同学开始提问题了 ……………………… 160
二十、怎样调换视角 …………………………… 163
二十一、听出弦外之音 ………………………… 167
二十二、学生表演医患关系 …………………… 169

第五章 我看 PBL 教学 ……………………… 171

一、第一次讨论提了 40 多个问题 …………… 171
二、老师的四次发言 …………………………… 172
三、不要为了提问而提问 ……………………… 175
四、高血压的话题可以说很多 ………………… 178
五、查资料也要有度 …………………………… 180
六、学生最关心的是 PBL 怎样考试 ………… 182
七、我为什么变矮了 …………………………… 185

八、医学生与社会问题 ………………………………… 188
　　九、如何把讨论引向深入 ……………………………… 190
　　十、一个月后再听 PBL ………………………………… 191
　　十一、让我们思考 ……………………………………… 194
第六章　度、以美启真与教育批评 ……………………… 198
　　一、掌握一个"度"——我们需要哲学 ……………… 199
　　二、以美启真——我们需要艺术 ……………………… 201
　　三、鉴赏与评价——我们需要教育批评 ……………… 204

第一章 听课十记

一、我的视角

我参加学校的教学督导组工作，有机会听各个院系的课程，从2008年9月到现在已经三个学期（2008.9—2010.1），听了40多位老师讲的60多次课，每次2学时。我把听课作为研究教学的过程，每次听课都作详细的笔记，认真观察老师如何组织教学，包括讲课内容、讲课的语言、动作、态度、使用的教学手段，特别是与学生是否有交流对话，如何提问，提什么样的问题，如何开展课堂讨论，如何启发学生的思维。同时也观察学生在课堂上的行为，包括出勤情况，学习情况，是否主动跟老师交流，是否敢于提问。这些观察内容是在去年听第一次课之前就想好了，当然在整个过程中也在不断完善。这些观察提纲不是为统计设计的，因为每位老师讲课的内容、风格、对教育理念的理解都不同，我注重的是观察，做细节的记录。这是质的研究，不同于量的研究。

每次课后我都跟同学交流，听取他们对本课程的感想、意见和建议。同样，每次课后我都与老师进行交流，听取老师的想法，反映学生的意见，当然也要谈我对那节课的看法和建议。

教育研究者称这种听课为看课，更为贴切。一年多的听课让我对医学专业的教学工作有了更深的了解，对于教学的好的经验和存在的问题有了更深的体验。我现在是从退休教师的视角看我们的教学，并且看了不少教育理论方面的书，我希望反映的问题更客观深入一些。

二、学会反思

　　看看基础教育领域，无论国内国外，都在提倡作反思的教师，但是大学教育研究似乎从不涉及这个课题，不知道为什么。其实大学的老师也需要对自己的教学工作经常反思，从反思中学习，从反思中研究。我们学医的老师做科研有一定的思路，写起文章来也是按照IMRD（前言、材料方法、结果、讨论和结论）的顺序进行编撰，我们经常是从提出假说开始，然后收集资料，统计分析、论证假说。这是属于量的研究。社会学研究（教育学研究也属于社会学范畴）还有一种研究方法，叫质的研究方法，不是通过统计分析大量的实验数据，而是对事物进行阐释，让读者从思想上认同你的理论。我希望把这个信息传达给年轻的老师，打开另一条科研的路子，所以每次听完课我都请他们写反思笔记。大约我跟十位老师说过，结果九位都写了，只有一位因为忙没写。有的老师分析他在讲课中存在的最大问题是跟学生交流不够，根源在对交流的认识不足。还有"几怕"：怕耽误时间讲不完预定的内容，怕学生提问自己下不来台，怕控制不了场面。通过写反思笔记，梳理了自己的思想，总结了经验，找出了问题，也想好了改进的办法，也是反思的力量，也是一种新型的科研工作。

　　有的老师不善于反思。这学期我听过的讲课老师中，有两位我过去听过，正好我也想再听一次，看看有什么新的变化。我在听课笔记中记下的评论是他们讲课非常认真，看得出备课认真，但是内容太多，特别是那些资料性的内容太多，建议这些可以不讲，代之以案例讨论，充分调动学生的积极性，加强对话。我征求学生的意见，他们希望老师多讲一些书上没有的，书上的内容可以自学。这些意见过去听课后跟老师都提过，可是这学期讲课依然如故。我问他们为什么，他们说有种种的担心。我发现那"几怕"也依然如故。

　　如果你想做教育研究，又苦于没有课题，那就从反思开始吧，做好教学反思就是很好的研究。

三、什么是精

药理系的周老师讲课认真熟练，条理清楚，使用生动有趣的视频讲解复杂的理论，学生也很专注地听讲。我感到内容太多，讲得太快。当时我就想，老师应该停一下询问学生是否听懂了，是否有问题。就在这时，坐在教室中部的一位同学突然站起来问老师药物是否对胎儿有影响？老师立刻回答并讲了血脑屏障、胎盘屏障问题，学生对老师的讲解很满意。这是一次很好的师生对话，不过我又想，如果老师不急于回答，而是先让学生说说自己的理解，这样既能锻炼学生的思维又能锻炼表达能力，岂不更好？

课间休息的时候老师让我提意见，我说，我对药理专业是外行，提不出具体的意见，从教学来说，课讲得非常好，流畅生动，内容丰富，就是内容太多讲得太快，没时间交流。老师说内容太多，怕讲不完，少讲吧又怕将来学生到临床遇到了，说没讲过。我还和老师讨论少而精的问题，其实可以少讲，药理书上的药物不必都讲，药物更新很快，药名层出不穷，讲得再好学生也不能都记住，都记住也不一定用得上。把一个有代表性药物的来龙去脉讲清楚，讲透彻，让学生知道发现一个药物的过程，知道科学研究的思路是最重要的。不是让学生记住多少药物，而是学会发明药物。

讲课内容太多是普遍的现象，例如，我听过的生物化学课讲基因也是如此，那么多基因的名称有几个人能记住？特别是学生工作以后有几人用到那些基因的名称？肯定地说，那时又会有更多的基因被发现，很多基因被修正或被淘汰，因此，讲很多基因的名称不如把一个基因的发现过程、功能讲清楚，学生大概就有了一个科学研究的概念了，这对学生科研能力、对培养学生的创造性思维有帮助。

医学是探索生命的科学，确实让人着迷，有不少课在讲到某种作用过程的机制时，虽然每一步、每一环节讲得都很流畅，有时用动画配合，很是生动，但是也常令人费解。应该说，老师讲的那些机制是一种假说或者理论，那么，这种假说或理论是如何被推导出来的？又是如何被证明的？还有哪些漏洞？是否有可能被推翻或永远正确？我期望老师向学生提些这方面的问题，或者学生提问老师一些这方面的问题，实际上这些问题学生们都没有问。其实我也有这个问题，也想知道，但我是旁观者不能插话，有时我问旁边的同学是否有问题，鼓励他们提问，学生总是不敢讲。

少了不等于精，少讲容易，做到精很难，需要认真琢磨讨论研究。什么叫精？我想精就是精华、精炼、精辟、精髓、精深，不是那些信息性的资料性的知识，而是前人思想上的闪光点。我们要教给学生的应该是那些闪光点，当然老师首先应该学习什么是你那个学科的闪光点，然后才能教学生。不管哪个学科，共性的闪光的东西是科学思维方法。科学理论的发明和推导是个科学哲学问题，如果老师能引导学生讨论那该多好！我又想如果每门课老师都讲一些科学思维的问题，学生经过几年的积累，那该是何等气象啊。

四、提问不简单

有一次听卫生化学课，是荣花老师讲分析化学中的数据处理，理论性和实用性都很强，课讲得很清楚，并不时地提一些问题，坐在前面的学生也能很快地做出回应。我注意到当她讲到分析结果计算的时候，一再强调线性关系，就是没问学生什么是线性关系，为什么是线性关系。课后我问学生，有的学生不清楚，有的似乎听说过，说明学生对此概念掌握得不好，可是这个概念确实非常重要，因为医学上的、化学分析方面的很多实验结果的计算都与此有关。很多实验的剂量与效应的关系都显示成S形曲线，为计算准确，我们就取S形的直线那一部分，用直线的函数关系表达。老师同意我的意见，说是要研究学生对问题的理解还必须往深处挖掘，还要跟学生多交流，才能知道他们学习中存在的问题，帮他们解决。

我听过有些老师讲课一个问题都不提，学生也不提问题，没有对话交流，教师一个人独白，学生的注意力也不集中，课堂气氛不生动活泼。杜威说过，教师所有的工作就是提供情境以刺激思考，学习新观念的最好方法就是与其他人进行正常沟通。我们学医出身的老师基本上没学过教育学理论，为了适应时代的要求，教育需要改革，理念应该更新，所以我们需要学习。

讲课是一门艺术，课堂提问更不简单，需要认真研究。有的老师常问：懂了吗？不懂就再讲一遍。或者问：是不是这样？这些都不是真正的问题。老师的问题应该是能启发学生思维的，更确切地说，老师提问的目的应该是鼓励学生提问，教给学生如何提出好的问题，引导学生的思维。提问本身就是想象力和创造性的表现。有人说教师是职业提问者，提问是教师刺激学生思维和学习的一种基本方式。我们很多教师还不是职业提问者，要成为职业提问者确实还需要学习，需要想象力和创造性思维。

无论老师或是学生，都应学习如何提问题、提真问题、提高水平问题。这些高水平问题包括：分析问题、比较问题、评价问题、解决问题的问题；低水平的问题是运用记忆来回答的问题。不要在课堂上随意提问，例如"上次我们讲的是什么？""对不对？是不是？"这就等于问"你叫什么名字"一样，虽然也有疑问词和问号，但它不是真正的科学问题。教学可以培养学生提出高水平的问题，但这需要老师在备课时认真思考、认真设计，也需要在课堂上老师和同学发挥想象力。

五、电影议题

有一次听马克思主义基本原理课，题目是："社会主义及其发展"，主要讲前苏联的实践，从列宁的战时共产主义到斯大林的超经济积累、到勃列日涅夫的争霸经济，到戈尔巴乔夫的自由化，全盘否定马克思、列宁主义的理论。老师提出一个问题：如何看待前苏联模式与前苏联解体的关系。为了加深理解，放了一段录像，五分钟，是关于1991年戈尔巴乔夫下台前苏联解体、叶利钦上台的新闻报道。看完电影老师问大家前苏联解体是否是人民的选择？看没人回答，老师就指定第四排穿紫色外套的女生回答，她也没回答，老师就说肯定不是，因为投票76%不赞成，但为什么解体？老师让大家思考，没继续讨论。

为什么安排看这段电影？我想老师的本意是利用电影的生动形象真实的功能，给人深刻的印象。但是老师的问题核心是前苏联解体的原因，而看到的是结果——游行示威、坦克上街、叶利钦站在坦克上讲话。我更愿意看变化的过程，结果是表面现象，原因是深层的东西，不容易看到，看到过程才能进一步分析原因。如果真想让学生知道深层的原因，那就需要老师的智慧。任何事件的发生不会是孤立的，看似突然，实际是有发展的规律，有征兆的，所以老师自己应先考虑清楚前苏联解体是什么原因，然后找一些背景电影资料，例如经济的、军事的、外交的、理论的……这样更能启发学生的思维。这就是老师的智慧，看问题的方法，在平静的江河表面能看到暗流，在彩云后面能看到风暴之将至。看完电影后的讨论是必不可少的，学生可以谈自己的体会，交流看法，通过讨论总结出一套自己对这个问题的理解。这就是老师制造了情境，激发学生的兴趣，通过讨论分享别人的思想，开阔自己的思路，同时老师也可以从中学到很多，这才是教育的目的。

这堂课总的印象是老师有意识跟学生交流，他不是站在讲台上不动，而是经常走到学生中间，不断提问题，引起学生的兴趣。课后我跟老师交换意见，老师说内容多，没时间讨论了，我说这正是需要考虑的，应该精简内容，多安排讨论。电化教学是为内容服务的，应该通过看一段电影引发学生思考，进而引发讨论，但是看完电影没有讨论，是个遗憾。

六、说改就改

这学期听了三次卫生事业管理课，第一次听威远老师讲《卫生组织的微观分析》。老师宣布同学先讲，两组同学，每组15分钟，先报告后讨论。

第一组报告的题目是"上海某区疾病预防控制中心（CDC）组织结构和组织文化的塑造"。报告的同学利用图表分析了这个CDC的结构，然后大家讨论。一位同学说组织结构图不清楚，逻辑性不强，随即上台画了一幅结构图。另一同学说："通过结构图看出存在的问题是组织关系不清，可能导致责权分不清。"最后老师补充说："几位中心副主任每人都有分管的科室，又另设一个中心办公室，任务与副主任相同，这样可能会导致责权不分，如果取消中心办公室可能领导关系更明确、工作效率更高。另外既然讲了上海的区CDC，为什么不再分析比较一下北京市的区CDC呢？"

第二组报告的题目是"中国红十字会的组织和文化"。同学提的问题是：在报告技巧上，图小、文字太多、放得快；在分析方面，有同学问运作机制和筹资是怎样的进行的，红十字会跟卫生部的关系。同学还提出这两个题目都包括文化，但介绍分析得不够。

最后老师总结，从上述两个例子说明卫生组织微观分析是为了帮助该组织更好地建立任务—目标—实现的组织保障，分析过程可以有多个解，最终是达到既有分工合作、制度保障，又有团结和谐的文化氛围。下课之前老师留了7个思考题，例如：组织为什么会出现层级？层级多了会有什么问题？什么导致组织模式改变、如何保证实时适度改变？如何建立学习型的组织？

第二次听丰竞林老师讲卫生信息管理，他走到学生中间跟学生讨论，老师问：做卫生服务应从哪些方面进行？同学回答：应该从需要什么服务、可以提供什么服务、实际服务什么、影响因素是什么等几方面考虑。最后老师总结出几个概念：需要、需求、供给、利用，需求是购买愿望＋支付能力，是从主观角度说，需要是客观角度，卫生服务的目标是需要－资源－供给达到动态的平衡。为此，还要不断进行监测。信息系统的作用是提供信息、支持系统的管理和运行。同学们说老师的讲课是从启发性的问题开始，总结出理论，不枯燥，能引起兴趣。课后老师让我提意见，我说："你的讲课让人耳目一新，现代教学的理念就是要师生对话，共同探讨，老师是引导者、组织者。这些你做到了，不足之处是讨论不深入，发言人不多。"老师说他已经意识到了，并且说请我下星期三来听专题讨论课。

　　第三次听丰老师带领学生讨论课题，第一组报告的题目是"农村改厕现状分析"，第二组报告的题目是"我国儿童保健存在的问题"。报告之后本组的同学补充，然后同学进行讨论，对报告的优缺点都有评价，并提出具体的改进建议。讨论得很热烈很认真，给我的印象是这个讨论会真像一次正式的学术讨论。老师在最后的总结中说知识管理、信息管理在当今的科技、经济中很重要，要学会思考问题的方法，研究任何事物都可以找出一个问题链，原因、问题、后果，这就是一个"诊断树"。

　　这是一堂实习课，发言人比较多，讨论得也比较深入，老师学生都很满意。系主任和老师也来听课，可见他们对教学的重视。课后系主任跟我说，以前上课不是这样，讲理论很枯燥，学生不爱听，来的人很少，这学期我们下决心改变，结合实际问题加强讨论，代替老师干讲。

　　原来如此，光有改变的意愿不行，还必须有改变的保障，那就是在一个组织结构中领导者的决心。卫生管理学系的领导和老师们有决心、有热情，又脚踏实地去做，说改就改，事情就行了。我真诚地希望他们的路越走越宽，越走越好。

七、上座率

　　学生上课出勤率有不少的问题，在我听过的不少课上有很多人迟到的现象，也有的课学生来得不多，有时甚至不到一半。迟到的原因大多是睡懒觉，可看见很多人手里拿着吃的喝的急匆匆地跑来，也有的慢悠悠地走来。一次听心理课，老师本来讲得很流畅，可是一会儿进来几个同学一会儿又进来几个，分散了老师的注意力。我在听课笔记上记下了这么几个字："显然迟到的学生干扰了讲课。"同时，每进来一个人，听课的学生总是要转过头去看，没办法，有一个刺激就有反应啊。迟到既影响老师讲课，也影响学生听课。

　　怎么办呢？现在的年轻人都讲究美，从衣着打扮到气质风度都追求美，我们应该告诉他们，迟到这种行为不美，守时才是美德，年轻人对自己要有所要求有所约束，要有点精气神，那才是美。

　　课堂上缺席现象很普遍，是困扰老师和领导的一个难题，有的老师很着急，有的生气，有的无可奈何，希望教学管理者管一管。依我看，缺席的原因可能比迟到复杂得多。我问过学生，为什么有那么多人不来上课？学生说老师讲的书上都有，可以自己看。有一次上生化课，我问一位医学实验专业的学生怎么看迟到和旷课现象，他说应付考试，突击看书没太大问题。有的学生说有些课很科普，没意思。我问他们不来听课自己做什么呢？学生说学别的课，看英文或者做作业。原来没来听课的同学也不是瞎逛游，也还是在学习啊。

　　出勤率低不能全怪学生，老师讲课没有吸引力也是一方面原因，包括讲课内容难度太低，引不起兴趣，或者讲课方法太平淡，照本宣科，或者老师一味独白，没有对话交流，不能调动学生的积极性。有人把出勤率说成上座率，这是很有意思的比喻，一出戏、一部电影上座率低说明你的戏或电影没意思，不叫座，不吸引人。课堂上座率低说明老师没演好，也是不叫座。我问过学生希望怎么讲。他们说希望老师多讲案例、讲思想方法，讲老师的科研经验、讲研究设计的方法。至于具体该怎么讲，那就靠老师的智慧啦。我认为老师要尽最大的努力激发学生学习的兴趣，要少讲，能不讲的就不讲，留出时间让学生讲，不要怕没给学生讲透，其实我们有时候要的就是这种效果：一个系统框架，有点朦胧，很不完整，留有很多空白。这样就给学生留下想象的空间。

八、别太科普

正如前面提到的，学生把有些课比喻为科普，是说那门课老师讲得没有深度。其实很多老师注意到了这种批评，但不敢正视，不敢反思，不敢拿出来讨论改进的办法。

要说科普也不简单，据说钱学森先生生前很喜欢中央人民广播电台每天早晨的科学知识节目，了解国内外的科学大事，发明创造，扩大自己专业领域之外的科学知识。我感叹于那么大的科学家，还每天听科普，学习新东西。他说听广播有兴趣，有益处，得到启发。但是我们的学生不喜欢听那些太浅的课。为什么？因为老师是在专业课上讲课，如果没有深度，光讲那些熟悉的内容，学生就会感觉不新鲜，引不起兴趣，不能激发他们的创造性思维。前苏联著名的教育家维果茨基提出过一个"最近发展区"理论，说儿童在他的能力之上可以再提高一定难度，只要给他一点帮助他是可以学会的。其实大学生也是如此，如果你总是让他重复听那些简单的知识，他就会感到没意思、无聊、疲倦甚至是厌倦，而跑去听其他课或做别的事；如果你加大难度，就会激发他学习和创造的激情。

有些应用课程的性质决定了它跟医学基础课的难度注定不同，其实所谓难度也是相对而言的，例如某些应用专业课，基本理论在基础课阶段已经讲过了，现在就是要讲实际应用，处理实际问题，那该怎么讲？依我看少讲代之以自学和讨论是最好的方法。实际案例是最好的教材，变化万千，生动新鲜。老师光讲还不行，还得让学生讨论，要设下悬念，让学生去破解，进而总结出理论，这样学生才感兴趣，才能启发思路，对他们将来的工作才有帮助。

卫生事业管理系的王主任告诉我，以前他们的课学生不喜欢，上座率很低，现在进行了改革，调整了讲课内容，加强了师生对话和讨论，学生反映很好，出勤率也很高了。

九、学习的快乐

上学期听医学英语专业的英语口语课，老师是一位外国人。他简单地讲了一下当天的任务，就让学生用英语上台讲自己的假期经历，每位学生讲完，其他学生就用英文提问，老师也给每人作简短点评，两节课很快就过去了。这学期我又去听英语课，是胡志兰老师讲英语高级阅读。老师讲课很熟练，在学生中间走动，随时跟学生对话，学生也用英语对答如流。第二节课老师让同学表演一个精读课文中的小故事，学生开始分组，三人一组，轮流上场表演，每人的表演都不一样，每次都引起阵阵笑声，学生一点也不紧张。

这堂课学生是快乐的。我们希望学生在快乐中学习，但是快乐不一定都表现出欢笑，参加到一项活动中，例如讨论一个案例或一个研究设计，发挥自己的创造力和想象力，可能不会开怀大笑，但体验成功的快感，那也是一种快乐。我真希望在每一门课上学生都能在快乐中学习。

课后我跟老师交谈，老师说学生的负担很重，这学期十门课，每周40个学时，很紧张。还要学双学位。后来我问学生是否感到压力很大，是否吃得消？学生说双学位的课多数都在周末，还行，总是想多学一点，对将来就业有好处。一位同学还希望学一些研究设计的知识，我说你们将来是搞语言的，为什么对研究设计感兴趣？他说他们是医学英语专业，首先是医学，而后是英语，况且毕业后有不少人要考研究生,特别是公共卫生研究生,需要懂得这方面的理论。这位同学的话反映了很多学生的想法和精神面貌。他们好学,有进取心,不怕累,听了他的话我深受感动。

十、课程需要做减法

我跟公共卫生学院两位学生座谈,她们说单是肝炎这一个疾病就讲过四五次,微生物、病理、临床、流行病、卫生法等;课堂上都讲过。并对卫生法学课上也讲肝炎感到很无奈。我听老师讲生物化学课和细胞生物学课时也感到重复的内容不少。

我们的课程越来越多,书本越来越厚,讲得越来越细,似乎有点儿积重难返,如果不大刀阔斧进行删减就很难精简,到最后我们的学生可能会连什么是医学都说不清楚了,这即为"只见树木不见森林"。因此要特别强调"无为而无不为",要在教学改革中大力提倡做减法。无了是为了大有,无了那些繁琐的、无用的、错误的、过时的、重复的,则会有了大视野、大思路、大智慧。精简了无用的,才有时间和可能性去对话交流,激发学生和老师的合作探索的精神。

老子说:"三十幅共一毂,当其无,有车之用。埏埴以为器,当其无,有器之用。凿户牖以为室,当其无,有室之用。故有之以为利,无之以为用。"(见《道德经》第11章)这段话形象地说明了有与无、实与虚的关系,对我们教学改革和课程整合很有启发。

设计学科和课程体系框架,明确学生必须掌握的学科发展和思维发展的最重要的路径和联接点,哪些内容不讲或少讲,让同学自学或让同学讲,哪些应该深入讨论或讲解。重要的是既要基础夯实,又要高屋建瓴,不要面面俱到,不要过细讲解,甚至可以跳跃式地讲课,要相信学生有自学能力。这样,既有在系统上的严密结构,又有在细节上的松散空间,就像中国书画艺术谋篇布局讲究留白、计白当黑,这样才有节奏韵律,才好看感人,这就是辩证法。我们的教学既是科学也是艺术，也应该讲究留白，要给学生留有思考的空间。

启发智慧不太容易做，又没有标准，但区分什么是促进智慧发展的知识、什么是一般性的、资料性的知识还是容易的。精简教学内容，为师生对话交流设计有启发性的问题，例如，科学发现的历史、科学原理的逻辑证明、重大疫情调研处理的思路、某疾病的发现经过、某种关键的重要的研究方法等。还有一点很重要，无论老师讲解或是给学生布置作业，都应该有一定的难度，这样才能激发学生的想象力和创造力。这是维果茨基在"最近发展区"理论中一再强调的，也是我在研究中强烈感受到的学生的要求。

课堂应该强调对话交流，老师在课堂上不断提出问题，引导学生讨论，促进思辨能力和创造性思维的发展，促进与人合作能力的发展。要打破课堂上的死气沉沉教师独白的气氛，让课堂不稳定、不平衡，搅动的因素就是提问题。正如叶圣陶先生所说，"可否自始即不多讲，而以提问与指点代替多讲？"

第二章 预防医学听课笔记

一、转基因水稻是否安全

（2010年3月2日，1~2节，讲课老师：江华，题目：食品安全，学生：临床医学专业07级，2~5班）

今天是为临床学生开的预防医学的第一次课，由公共卫生学院营养学系的江华老师讲食品卫生学。本来的安排是由系主任讲绪论——一个学科的第一课应该先讲绪论，介绍总体框架结构，研究方法和学习方法，由于江华老师要出国学习，所以她就提前先讲食品卫生。江华老师讲课熟练，动作很大，不断在讲台上走动，给人一种很有活力的感觉。讲课开始她问学生："早餐吃什么好？"学生回答："馒头、粥。"老师说："那主要是糖类，还应该有蛋白质、蔬菜、水果。"又问："最近有什么食品安全问题？"学生回答："三聚氰胺再次爆发。"老师说："预防医学管天管地管健康，民以食为天，五谷为养，五果为重，但是最近食品卫生问题接连发生，应该引起重视。"接着，江华老师讲了不少突发食品卫生事件。

"阜阳假奶粉事件，大家听说过大头娃娃的事吗？那是不法的厂商用糊精、角甲蛋白和皮革蛋白的水解产物，加上香精色素代替奶粉，欺骗消费者，引起婴幼儿营养不良。"

"三聚氰胺事件，众所周知，是用工业原料三聚氰胺加到奶粉中，冒充蛋白质，引起婴幼儿肾结石。"

"激素残留引起女孩初潮年龄提前1~3岁。"

"2008年光明牛奶查出抗生素残留，金华火腿查出敌敌畏，苏丹红鸭蛋……"

老师越讲越激动，"我们还能吃什么？动物食品问题多，让我们吃素吧！但是素食也有问题。谷类有陈化粮事件，蔬菜水果有农药残留，2004年世界绿色和平组织抽取45个样品，查出40个样品含50种农药。口水鱼、毒猪肉、地沟油，2007年的毒薯片，2008年毒饺子，2009年特仑苏牛奶安全门，2009年三聚氰胺事件，2010年剧毒农药超标等。这一切暴露了中国食品卫生管理体制有问题。"

江老师用了40分钟讲了很多案例以后，开始讲食品卫生学的定义。食品卫生学是研究有毒物质污染食品对人体健康造成的损害以及预防措施。接着介绍几个概念：什么是食源性疾病，什么是人体每日容许摄入量（ADI），什么是食品法典委员会（CAC）等。接着又问：转基因水稻安全吗？去年的牛肉现在吃合适吗？引起食源性疾病的原因是什么？老师没有让大家讨论这些问题，只是提出问题而已。

我想起了一本书——《粮食危机》，作者是美国人恩道尔，他说转基因粮食的背后是一个大阴谋，是美国少数精英科学家和种子公司为了控制全球粮食生产而进行的一场"战争"。如果一个国家依赖"物美价廉"的转基因粮食，例如转基因水稻、大豆，那他们就会丧失自主生产的能力，永远受控于外国。至于转基因粮食对人类健康是否有影响，还应该长期观察，不能说绝对无害，因为科学的证伪是需要时间的。转基因粮食涉及国家的安全，我们不能等闲视之，我们的对策，第一是杜绝或减少进口，第二是加强科学研究，制订法律、法规和标准。值得警惕的是国内有些"科学家"、"打假斗士"，他们为转基因粮食辩护，说是绝对无害。而据说，他们本身就是外国种子公司的科学顾问、代理人。老师如果能引导同学多讨论这类问题，一定会让他们大开眼界，提高科学分析和批判思维能力。

第二节课讲食品污染的来源及食品卫生指标，重点讲黄曲霉毒素的污染及危害。黄曲霉毒素引起DNA损伤，毒素在高于280℃时才会发生裂解。黄曲霉毒素在肝代谢，急性毒性是氰化钾的10倍，慢性毒性可引发机体生长迟缓，有致癌作用。预防方法是粮食防潮。

这次听课给我的印象是老师讲课有热情，生动有趣，不看讲稿，语言流畅；讲课开始先介绍大量的实例，然后介绍食品卫生的几个主要概念，不是从概念出发，这些都是优点。我也注意到，虽然举例很多，但未深入，刚提一句，想往下听，不讲了。讲课中跟学生有交流但不深入。食品卫生课的目的应该是，一方面让学生增长卫生保健知识，对自己的生活和健康有帮助，另外要考虑学生将来如何把食品卫生的知识用到临床工作中，就是说讲课内容要涉及临床诊断与食品卫生安全的联系，临床医生在工作中怎样诊断和治疗食物中毒，特别是怎样发现食源性疾病，例如三聚氰胺与婴幼儿肾结石的关系是怎么发现的。讲课内容多，条理性欠佳，有些内容可以压缩，多讲一些与临床的联系。学生反映老师讲课挺有趣，但是预防医学课程安排上应先讲绪论，知道预防医学总体框架再讲各论，就不突兀。课间休息的时候江老师说，就是要让学生快乐。这句话的积极一面，就是让学生在快乐中学习，但是不要单纯娱乐学生，而是让学生在探索中学习，体会到创造的快乐。老师讲课要有深度，要提大问题，启发学生思考。今天提到连续发生的食品卫生事件暴露了中国食品卫生管理体制问题，转基因水稻的安全性问题等就值得好好讨论，引发思考，启发学生从国家卫生安全的高度认识预防医学的地位和工作方法。但是因为讲了很多食品卫生的事件，没有时间深入讨论一个问题。

我想，不论哪门学科，课堂上老师的讲课、与学生的对话交流和讨论，都应以启发学生的想象力为目的，所谓想象力就是有不断转换视角的能力，有从高处、广处和深处看问题的能力。经常讨论引人深思的问题，学生的思维方法就会得到训练和提高，想象力就会丰富。富有想象力的人才有创造力。讲课要少而精，如果老师讲得太多，学生就没有思考的空间了，那还叫学生思考什么、想象什么呢？

二、引人深思的世界

（2010年3月5日，3～4节，讲课老师：江华，题目：食品安全，学生：临床专业07级，2～5班）

上次课主要讲食品的黄曲霉毒素污染，今天要讲的是食品化学污染，特别是食品添加剂对健康的影响。老师从一句"引人深思的世界"开始，举了很多例子来说明食品化学污染。奶粉中加入三聚氰胺是非法的，因为根本不允许加入。那么牛奶中加入碳酸钙能补钙吗？有很多食品色彩斑斓口味浓重，实际上是加入了食品添加剂。那么，这些食品添加剂对健康是否有影响？是否合法？老师说让我们从食品添加剂说起，随即问大家："什么东西既是食品又是药品？"学生说："山药、薏米。"老师接着问："市场上的熟肉制品经常是很鲜艳的红色，好看，因为加了硝酸盐，形成亚硝酸盐肌红蛋白，所以肉的颜色变得鲜艳。那么加入硝酸盐是否合法？"学生没有回答。老师说："可以加入，但是有一定的限量。还有很多食品色素，例如柠檬黄、苋菜红、靓蓝、蓝莓……哪些是天然的？哪些是合成的？"学生没有回答，显然这些知识临床学生是陌生的。老师说："柠檬黄、苋菜红、靓蓝等是合成色素，稳定但不安全；蓝莓是天然色素，安全但不稳定。"随后，老师打出一张幻灯片，是常见的食品添加剂列表，密密麻麻的，我坐在后排，看不清，不少学生看电脑或做别的事，对老师讲什么似乎也不感兴趣，老师讲得又很快，我想没有人会印象深刻。

食品的化学污染除了以上讲的，还有环境污染物对食品的污染，包括农药、金属、N-亚硝基化合物、多环芳烃化合物、容器包装等。在食品污染中食物链的生物蓄积作用不容忽视。食品贮藏加工过程也会造成食品污染，例如黄曲霉污染、农药污染。

老师突然问了一个生活中的问题："用淘米水洗蔬菜、水果行不行？"没人回答。老师解释说，淘米水中含大豆黄酮，是表面活性剂，所以用淘米水洗蔬菜水果好。又问："为什么说越绿的蔬菜越有毒？"学生似乎很茫然，我也有同感，目前不是都提倡吃绿叶蔬菜吗？老师解释说："菜叶越绿含硝酸盐越多，而硝酸盐是 N-亚硝基化合物在体内合成的前体物质，硝酸根被还原为亚硝酸根。"

在制作腊肉的过程中，胺类生成亚硝基化合物，硫氰酸盐、卤族离子是促进剂。以下讲 N-亚硝基化合物对健康的影响。一为致癌性，二为致突变、致畸性，三为肝损伤作用。老师问吃存贮的大白菜对吗？没人回答，老师就自问自答，在细菌的作用下硝酸根被还原为亚硝酸根。十字花科的植物，例如白菜、油菜，存贮时间长就容易产生亚硝胺化合物。有人做过实验，暴腌咸菜在 9~14 天产生的亚硝酸盐最多，25 天以后就很少了。

多环芳烃化合物，例如苯并（a）芘（BaP），是强致癌物，熏烤食品中最易污染 BaP。

杂环类化合物，例如杂环胺类，制作油煎食品含量最多。

食品中的丙烯酰胺。2002 年瑞典发现神经中毒的病人，因食用了油炸薯片。

触目惊心的污染事件：非法食品添加剂苏丹红、孔雀绿、三聚氰胺、瘦肉精，老师说让她无话可说。

畜肉的卫生管理，肉的腐败及变质。常见人畜共患传染病如炭疽。常见人畜共患寄生虫病如囊虫病、旋毛虫病，疯牛病、库鲁病、克雅病。

奶及奶制品的卫生管理。消毒方法如巴氏消毒法，超高温瞬时消毒法，需要在 137℃下 2 秒。

酒类的卫生，甲醇中毒。食物油脂的卫生，油脂酸败指标，过氧化值。

老师作了小结，食品安全的一点启示：食品卫生的综合性，多部门多角度发现问题，个体整体相互作用。我以为介绍到此结束，没想到老师又讲了两个例子：阜阳工商局的两次惊魂以及白糖污染事件。

两个学时的课很紧张，江老师一直精神饱满滔滔不绝地讲，有的学生可能累了，趴在桌上睡觉，有的看电脑。课后学生跟我反映讲课挺有趣，老师有激情，但是内容太多，没重点，有点晕，听后不知道应该掌握什么。这是很中肯的意见，说到了我们教学中存在的要害问题，老师一心要把自己的知识传达给学生，而不考虑他们是否爱听，将来是否有用。我们做任何一件事都要考虑我们的服务对象，考虑给他们什么东西，并且考虑轻重缓急。我们面对的是临床医学三年级的学生，他们不是公共卫生预防医学专业的学生，他们不需要系统详细的公共卫生专业知识，他们需要的是跟临床有联系的卫生知识和思维方法，帮助他们打开思路。我们可以计算一下，一堂课讲几十个听起来都差不多的故事或新闻标题，学生能记住几个？而相似的事情讲得太多，会让听者感到厌烦。因此，与其讲得多，不如择其要者讲一两件，然后让大家讨论，把一件事的来龙去脉、后果、对策弄个清清楚楚。这样的讨论经历多了，学生自然就会明白，原来做学问是这样的方法，学会举一反三，当他们遇到什么事故的时候也会想出一套办法来。什么是最应该让临床学生学到的？不是现成的知识和信息，而是方法——思维方法。

我觉得对于临床医学生来说，在了解了今天的讲课内容大体框架以后，深入讨论一种食品添加剂、一种人畜共患传染病或寄生虫病就行了。老师说"瘦肉精、苏丹红、三聚氰胺让我无话可说"。我知道这是一句无奈的调侃的话，但是，这三者拿出其中任何一个都有很多东西值得讨论。例如三聚氰胺事件虽然已经家喻户晓，但是那是社会的舆论和社会的认知，从医学专业角度更应该深入思考，比如，是谁首先发现这个问题？怎样发现的？为什么说婴幼儿肾结石与三鹿奶粉有关联？怎样证明？怎样知道三聚氰胺是罪魁祸首？什么是三聚氰胺？它的毒性如何？是否有卫生标准？卫生标准是如何制订的？三聚氰胺中毒患儿如何治疗？治疗效果如何？全国有多少儿童吃了三鹿奶粉，怎样确定患病人数？是否有必要进行筛查？如何筛查？三鹿奶粉事件对我们的教训和启示是什么？

同样，如果讨论苏丹红或瘦肉精以及某种食源性疾病，我们都可以而且应该提出一系列问题，引发学生思考。这就是从不同视角考虑问题，这需要老师和同学的想象力。

三、公共卫生思路的脊梁骨

（2010年3月9日，1～2节，讲课老师：高平，
题目：生活环境与健康，学生：临床医学专业07级，2～5班）

今天的题目是生活环境与健康。在这次预防医学课程中，环境卫生课只有两个学时，如何把这两个学时用好，让学生有较大的收获，既要让学生了解环境与健康的最重要的问题，也要让他们学到一些基本的工作方法，这需要老师的智慧。老师准备了96张幻灯片，把环境卫生学的基本概念几乎都写进去了，老师用全部时间解释环境卫生学课本上的大大小小的概念，并且还讲得特别细，有的概念是一段话，还分解开讲解，真是掰开了、揉碎了讲。比如，环境污染的定义，什么是环境介质，什么是环境污染物，环境污染物的来源：包括大气、水、土壤。大气来源又包括天然的、人为的，人为的又包括燃煤、油烟、室内活动、建材装饰材料（甲醛、苯、二甲苯、苯乙烯等）、室内生物学污染、电器电磁波污染，职业环境产生的有害物质，交通污染——光化学烟雾以及洛杉矶烟雾事件……在讲到水污染的时候，还播放吉林双苯厂2005年爆炸事件的照片。讲课过程中也有提问，例如讲到土壤中的污染物，老师问：地方病都有哪些？同学在下面回答说有碘缺乏病。讲到污染物进入体内的途径，老师让大家说都有哪几种，大家说：经呼吸道、口、皮肤。在讲到有害物质在生物体内的过程、分布、生物转化、代谢活化等概念后，老师问：吉林双苯厂事件中，调查苯的吸收指标是什么？同学回答：尿酚。

老师最后还讲了环境危险度评价的步骤，包括：①危害鉴定；②暴露评价；③剂量反应关系评定；④危险度评定和管理。我想危险度评价这个题目不容易讲清楚，光说一些概念也没有用，所以不必安排这个内容。

到此，我看见至少18人睡觉。老师好像根本就没看见那么多人睡

觉，依然不紧不慢地照讲不误。下课后我跟老师简单地交流了一下，我说不能像给公共卫生专业的学生讲《环境卫生学》，面面俱到，而是讲临床学生最感兴趣、最有用的、最能引发思考的内容。这是因为第一，时间不允许讲得详细、讲得多，应该少而精。第二，临床学生不需要讲那么多。正是因为讲了很多定义，既没重点，又不生动，老师讲得很累，学生也不爱听。老师说教学大纲有要求啊，不讲不行。我说很多东西都可以让学生自学，本来很简单的概念，你讲得越细，学生就越不爱听。

我想，在两个学时内讲《环境与健康》这个题目，可以从讨论案例着手，例如铅污染与儿童铅中毒。可以从儿童铅中毒病例入手，讲到铅污染的危害；也可以从环境铅污染入手，讲到临床表现，铅中毒的机制，治疗方法，调查研究的方法等。关于铅污染与健康我们可以提出很多问题，去引导学生讨论。如何证明铅中毒跟铅污染的关系，是谁最早发现环境铅污染问题？现在受到何种程度的重视？围绕环境铅污染的问题，让学生知道环境污染物的来源、吸收、体内过程、对健康的影响，以及剂量反应关系等概念。这样，通过一个案例，学生就把环境毒理学、环境流行病学的一些基本方法学了。两个学时的课，把这些问题讨论清楚就很不简单啦。当然，环境污染与健康的问题还可以举很多很多的例子，但是我们不可能都讲到，事实上老师也不可能都经验过，讲得多也是照搬资料，与其照搬资料，还不如解剖一只麻雀。

我们应该思考，两个学时的环境卫生课最重要的应该给学生什么？我想，从环境卫生学与临床关系讲比较好。一可提高学生兴趣，二可拓宽思路，学习一些公共卫生学的方法。例如，从一些怪病讲比较好，当初困扰人们的不明原因的疾病，例如日本的水俣病、痛痛病、四日市哮喘病、台湾黑脚病、湖北恩施的脱发脱甲病、贵州的失明＋心肌病（铊中毒），以及铅中毒、白血病、氟斑牙等。这些病不要都讲，讲一两个就可以，但是要讲清楚如何阐明病因，讲公共卫生的思维方法，还可引申到"监测—干预—评价"，这是公共卫生的思维的脊梁骨。这样，两个学时的内容就很充实，并且还很紧张。问题可以层出不穷。

学生的注意力被问题吸引,也就不会睡觉。他们会觉得公共卫生离他们很近,也很有用。

四、职业卫生离我们有多远

(2010-3-11,3～4节,12教,讲课老师:郑光,题目:职业有害因素与健康1,学生:临床医学专业07级,2～5班)

老师开始讲课提了一个问题:同学们对职业卫生的现况有什么了解?这些学生都是学临床的,刚上三年级,不知道如何回答老师的问题。老师讲两方面:①工作条件与健康;②解决职业卫生问题的策略,改善条件。老师也没回答职业卫生的现况是什么。接着又请同学说职业因素对健康的影响并举例。这时有的学生说,医生护士和运动员的心理压力大,对健康不利。这时老师把问题引入职业卫生的主题:"你们学临床医学,职业卫生与基础医学和临床医学都有联系。现在我国是制造大国,世界工厂,但是也发生很多职业卫生问题。我国人口中职业病人70万,包括石棉肺、尘肺、有机溶剂中毒、金属中毒等。另外还有新的职业卫生问题,例如压力、工效学问题等,产生的原因很复杂,都是影响健康的因素。"老师接着又问:"教室里存在什么有害因素?"没人回答,老师就自问自答:"有粉尘、辐射,空气污染。久坐,为什么不会得尘肺等病?因为浓度低。可见有害因素让它保持在低浓度,对健康的损害就可以预防。"

接下来老师介绍了影响职业病发生的因素,包括职业有害因素,还有遗传因素,例如性别,社会因素如组织制度不合理。职业有害因素对健康的影响可分为三方面:职业病、工作相关疾病和职业伤害。

什么是职业病?去年发生一起奇怪的河南张海超开胸验肺案例,为了确诊是不是矽肺,这样做不对,因为矽肺诊断标准不要求开胸验肺。职业病与一般疾病的区别是什么?老师接着说:"职业病病因明确。"(老师这样说对吗?写在书上的是明确了,还有没认识的病,新的职业病)。老师问:听说过急性苯中毒吗?影响神经系统、造血功能,引起急性或慢性再生障碍性贫血、白血病。老师又举自己关于纳米材料对健康影响的研究实例,说明有害因素作用的靶器官、暴露过程、进入体内的途径不同所造成的结果不同。

然后,老师介绍了职业病需要采取群体的预防策略,工作环境改善是关键。职业病的诊断需要职业史、职业健康检查复印件、体检、工作场所调查。医生如果没有职业病的概念或者不熟悉职业病的临床表现,往往发生职业病的漏诊或误诊,例如黄疸、氯仿以及很多工业毒物引起肝损害,需要跟一般疾病相鉴别;尘肺需要跟肺癌鉴别;铅中毒的肠绞痛需要跟一般腹痛鉴别。

接下来老师讲了什么是工作相关疾病。汽车司机容易发生胃病,但不是必然的。有些工伤是因为违规作业造成的。

第二节课老师讲到我国前十位的职业病:尘肺、金属中毒、铅中毒、农药中毒、有机溶剂中毒、皮炎灼伤、高温、噪声、振动、电光性眼炎、肿瘤。老师讲肿瘤是多病因的疾病,例如铬酸盐可致肺癌,石棉可致间皮瘤、膀胱癌。老师演示粉尘的幻灯片:用石棉矿渣铺路、尘肺解剖、尘肺转归——恶病质,尘肺——不是肺癌的肺癌。继续演示幻灯片:有机溶剂女工用三氯乙烯清洗电子产品、临床表现为过敏、高烧、皮肤剥脱性皮炎、大疱、红斑,并发肝损伤。值得关注的问题是这个病的发病机理未明,暴露三个月,5%的人发病。老师问:预防的重点是什么?应该预防有机溶剂的挥发和减少暴露机会,比如要独立清洗,提高通风橱效率,防止毒气外泄,要定期换岗,新工人体检,注意皮肤病人不宜上岗,作业工人要严密观察,定期体检。根本的措施是改革工艺,不用三氯乙烯而使用替代品。

老师接着又举了金属中毒例子。铬具有腐蚀性,铍引起变态反应。台湾高砷引起黑脚病(台湾的黑脚病是地方性砷中毒,不是职业病)。铅中毒时,铅可透过血脑屏障和胎盘屏障,引起大脑受损和胎儿受损,治疗是排铅疗法,但排铅要适度,(为什么?)铅影响血红蛋白合成过程导致贫血,还有神经系统毒性、肾毒性。铅中毒的临床表现特征有牙齿铅线、垂腕、重足(神经麻痹),点彩红细胞、网织红细胞增加。铅中毒的实验室诊断为 PbB（血铅）＞400mg/L，诊断标准、急性、轻中重型铅中毒、慢性铅中毒，老师让同学可以上网查诊断标准和鉴别诊断以及预防措施。（很多知识都可以让学生自己去查，老师不必都讲。）

两个学时的课结束了，学生反映老师讲课条理性还可以，就是内容太多，他们提出一个问题："我们是学临床医学的，职业卫生离我们有多远？"他们希望老师多讲讲自己的研究实例，虽然举了纳米的例子，但没深入，学生还是不知道纳米材料对健康的影响到底是什么，怎么发现的，如何研究。

我跟学生有同感，这两堂课的内容实在是太多。讲得太多就不容易使重点突出，学生就不容易掌握所学的东西。课后我与郑老师交谈时提出应该多讲案例和研究方法，改变现在上课按书本讲的传统，才能吸引学生，对他们才真正有帮助。郑老师同意我的看法。我知道老师有自己的难处，书本上的东西很多，老师怕讲不到会影响学生全面掌握应该学的知识。但是，对于临床医学生来说，不应把职业卫生讲得很系统化，因为他们将来的工作用不着。今天的题目是《职业因素与健康》，只要让学生知道，在看病的时候，应该想到职业有害因素对健康会产生损害，严重的会引起职业病，就行啦。为此，需要用实例来说明，什么是职业因素以及怎样影响工人的健康。讲课应以一两个典型案例为中心，引导学生讨论。用什么实例，这需要老师认真选择。在讨论的时候，不应就事论事，而应该打开思路，广泛联系，该详则详，该略则略，这就看老师的功夫啦。老师要认真准备讨论的方案，认真设计提什么问题，要让学生把一个问题的来龙去脉弄清楚，把研究方法弄清楚。通过这样的讨论，学生就会学到做学问的真谛。这就是少而精，表面上看去好像讲的内容少了许多，但是实际上学生学到的是做学问的方法，是思维方法，有了这个，他们会自己建构知识，不懂这个，就只能被动接受知识。我们可以设想一下，如果每门课、每堂课都这样上，老师讲课少而精，留出时间引导学生讨论问题，经过几年的训练，学生会是什么样子啊！

要做到这一点，首先需要老师转变教学理念，不要教师独白，要跟学生多对话多交流多讨论，跟学生一起探讨问题。

讲到职业病与一般疾病的区别，说职业病病因明确，似乎不妥。写在书本上的是明确了，但还有没有被认识的疾病，还有新的职业危害因素会出现，例如老师讲的纳米颗粒，在这之前纳米材料的性质和危害还不清楚。因此，这样讲不对，传给学生的信息是一个固定的框框，会限制他们的思维。

五、分清轻重缓急

(2010年3月16日，1~2节，讲课老师：郑光，题目：职业有害因素与健康2，学生：临床医学专业07级，2~5班)

今天老师讲了两个大问题，一是职业有害因素，二是职业卫生管理。职业有害因素是哪三类？老师举例，汞温度计破了，吸入汞蒸气，对身体造成损害，但这不是职业卫生问题，而是日常生活中的卫生问题。职业有害因素包括窒息性气体，如氮、甲烷、水蒸气；化学性毒物，如氰化物、H_2S、细胞色素氧化酶，重庆开县石油钻井井喷，喷出沥青、硫酸；农药，如百草枯，可引起肺纤维化。说到中毒解救药物，例如，有机磷（氯磷定）中毒用阿托品治疗，铅汞砷中毒用络合剂治疗。职业病好像冰山的一角，还有很多人没有表现出疾病，但健康已经受损。

讲到疾病控制，老师说疾病控制的三大支柱是卫生法规、健康教育和三级预防策略。三级预防策略：一级预防——病因识别，二级预防——早诊断早治疗，三级预防——康复治疗及控制并发症。

预防职业病基本原则：预防为主、防治结合、健康教育、统筹规划。预防原则，一级预防和二级预防，早发现早治疗。以铬致癌为例，老师问："致癌的几个阶段模式是什么？"同学没回答，老师也没讲，而是接着说，第三级预防是疾病康复和并发症治疗，但对于预防疾病来说为时已晚。

讲到职业卫生的相关法规，基本职业卫生服务，WHO1995建议应该至少70％的职业人群能享受到。职业卫生服务的内容包括环境监测和工人健康监护。讲到我国对职业性健康监护的要求，老师问："什么样的身体不允许铅作业？"学生回答："肝肾疾病、哺乳期妇女和孕妇，贫血病人。"老师讲到健康监护包括就业前体检，是为了掌握工人的健康本底值。

接下来老师讲了我国对职业健康监护的要求及管理办法，包括经常性卫生监督和预防性卫生监督，要定期进行工人体检，建立职业健康监护档案，进行经常性的卫生监督，对于职工的生活条件如食堂也要进行监督。工厂在设计阶段、施工阶段和投产以后，都要进行预防性卫生监督，包括工作场所的采样监测。作业场所工人的健康促进，要常抓不懈，例如工间操要形成制度。

老师又讲了做职业卫生工作需要了解的内容，包括危险识别、疾病控制的策略和具体措施。职业病是完全可以预防的。职业医生与临床医生的任务不同，临床医生需要了解一些职业卫生的知识，更广一些考虑，需要了解一些预防医学的知识，有些专科医院太专了，不利于疾病的识别。医院是公共卫生和预防疾病的前哨，如在非典流行之初，医院最先见到病人，最先作出诊断和治疗，最先向上级卫生部门报告。这就是早发现早诊断早治疗，做到这些就能对疾病的预防和控制起到积极作用。医院职业病科医生的工作重点是对职业病人进行诊断和治疗，他们的工作跟疾病预防和控制中心的医生有直接的联系，他们提供的职业病情报供公共卫生医生分析、总结，提出预防对策。

今天这两堂课我感觉学生的情绪不如上次，有不少人睡觉、看电脑或看别的书。学生说："讲那么多预防专业的东西没有用啊，我们将来又不搞预防。"我认为学生说得对，用一堂课讲职业卫生管理没有必要，学生将来用不着，所以学生不感兴趣。老师应该想一想，在职业卫生方面什么是学生最关心的问题？应该介绍给学生的是这样一些问题，比如，临床医生在工作中怎样发现职业卫生问题？如何进行调查？这就是职业流行病学要研究的问题。老师如能介绍一下职业流行病学的研究方法对学生是会有用的，也会引起兴趣的。当然，介绍职业流行病学也要避免概念化，要结合案例讲研究方法，把各种教学手段用上，特别是搜集视频资料给学生看，虽然不能身临其境，但感觉上应该比老师干讲要有趣得多。其实就讲课内容来讲，完全可以精简，过细的东西不要讲，留下时间多讲方法、案例，多讨论问题，让学生在课堂上动脑思考。学生对老师的研究工作也很感兴趣，希望老师多介绍自己的思路和经验，书本上的东西完全可以自学。这个问题提得非常聪明。老师最好多教给学生经验，那是书本上没有的，是最宝贵的。书上既然已经有了，还需要老师再重复讲一遍吗？完全没有必要。

我们做任何事情都要事先考虑、计划，在有限的条件下，分清轻重缓急，做那些最重要的事，这就是运用你的智慧。课程也是如此，在短短的两个学时内，不可能把一个学科都讲清楚，尤其是你的服务对象不需要知道得那么详细，因为他们不是那个专业，所以，那就要思考什么是最重要的、最应该先学的。在这里又用得着老子的话：无为而无不为。老师在备课的时候要经常想到少而精，想到无为无不为，分清轻重缓急就不难做到。有时老师会问：教学大纲上规定的内容很多，不讲行吗？请想一想，编写教学大纲的人他不敢写得少而精，他怕担责任受埋怨，而讲课是一个创造的过程，要根据实际情况和需要作安排，为什么要受教学大纲的限制呢？发挥我们的想象力吧。

六、什么是预防医学的体系框架

（2010-3-19，3～4节，讲课老师：王沛，题目：预防医学绪论，学生：临床医学专业07级，2～5班）

这节预防医学绪论课应该在开头讲，因故调换到今天。老师说要讲三个问题：①什么是预防医学和公共卫生？②临床学生为什么要学预防医学？③这门学科发展的现状怎样？

什么是公共卫生、预防医学？老师引用美国耶鲁大学 Winslow1920 年的定义，公共卫生就是预防疾病，延长寿命，通过有组织的社会努力，来改善环境卫生，促进身体健康，提高工作效率，控制传染病流行，教育个人养成良好卫生习惯，组织医护人员对疾病进行早期诊断和预防性治疗。

在预防非典的时候，吴仪副总理给预防医学下的定义是动员社会、环境、教育各方面的力量，加强卫生基础建设，养成良好的卫生习惯，预防疾病、促进健康，这是无时不在无处不有，人人参与人人享受的事业。

老师介绍了预防医学的内容，包括统计、流行病学、环境卫生、职业卫生、社会医学、健康教育、卫生管理、营养卫生。这个模式在不断改变。

临床学生为什么要学预防医学？老师举了一个例子："痛风病的基础医学知识你们知道，但实际预防措施你们可能知道得不多。"老师又说："你们有医学理论，但如何做健康教育你们可能不熟悉。这些都是预防医学和公共卫生要解决的问题。"

"公共卫生有什么价值？去年 H_1N_1 流感流行的时候，因为有2003年的SARS流行的教训，我国卫生部门很紧张，WHO也很紧张，作出6级预警，但美国对待 H_1N_1 流感流行却作出比较理性判断，按4级预警，这对社会心理和经济的影响都比较小。公共卫生就是要对涉及国家的、人群的疾病和健康问题做出科学判断，并且调整政策，以利预防。"

"为什么临床学生要学公共卫生？因为它要教给你们方法学，科研设计、病因研究方法、随机临床试验方法等。三鹿奶粉事件是不可容忍的，它损害了中国食品的声誉，外国人说中国人为了赚钱不择手段。亚硝酸盐、食品添加剂超标还可以容忍，三鹿奶粉事件是不能容忍的，因为那种三氯氰胺根本不允许被加入到食品中。它暴露了管理、道德、法律等社会问题。临床医生最先发现三鹿奶粉问题，之后才引起社会和政府的重视。"

时间已经到了11点，老师告诉大家不休息了，下节课可以提前15分钟下课。这堂课到此还没有提问，都是老师讲。我觉得既然讲到三鹿奶粉事件，造成那么多婴幼儿肾结石，轰动全国甚至国外，并且是临床医生最早发现,应该让我们的临床学生进行讨论,让他们体会如何思考这类公共卫生事件。

在讲到预防医学的研究方法时,老师说:"我们要培养学生成为大家、大师,不是一般的匠人,你们了解公共卫生的研究方法有助于你们将来的临床研究。具体的研究方法还要在各论里面讲,这里就不讲啦。但是,我注意到,至今已经讲过的营养、环境卫生、职业卫生几堂课都没提到研究方法,这说明绪论与各论要讲什么东西没有调整好。"

讲到我国公共卫生问题的时候,老师说我国的卫生事业取得了很大成就,人口期望寿命达到73岁,但是发展不平衡,上海与青海相差10岁,婴儿死亡率农村是60/10万,城市为20/10万。我国人口老龄化问题、传染病预防如乙型肝炎、丙型肝炎、结核病、艾滋病问题、吸毒问题、环境污染、职业卫生问题,医疗改革,流动人口,突发公共卫生事件等,都是我国面临的重大的公共卫生问题,需要政府的政策和经济的支持,也需要广大卫生人员(包括临床和公共卫生人员)的创造性工作。

我对今天老师讲课的印象是,老师结合自己的经历讲得很自然流畅生动,例如讲参观美国CDC,人员规模很大,有7000多人,其中有研制标准指南的,如糖尿病指南,H_1N_1检测标准就是在中国人的领导下制作的。讲这段的时候教室很安静,说明学生在注意听。讲到中国老龄化,将要出现一对夫妇8个老人,压力很大,学生惊讶。老师说:"不信吗,计算一下就知道了。"讲乙肝,说日本已经不注意乙肝而注意丙肝,因为丙肝不容易查,又没有疫苗,说:"你们当了主治医师时可能也会注意丙肝啦。"很生动。

关于预防医学的定义,老师说预防医学的研究对象包括个体和群体,对比临床研究对象是个体,好像预防医学的对象很全面,其实不必在此强调个体,因为讲的是预防医学的特点,群体就已经包括个体,就提人群就对了。后面讲工作模式,环境-人群-健康,什么是工作模式?应该是思想方法、工作方法,比较成熟的一套。环境-人群-健康不能体现工作模式,说研究对象和研究内容还可以。工作模式表达为"监测-干预-评价"比较好,可以体现公共卫生的基本思路和工作方法。

讲到 H_1N_1 感染的预防对策，美国是 4 级预警，中国和 WHO 是 6 级。美国比较理智。就一个大的疫情的判断和对策考虑，何谓理智或不理智，应该多加分析，或让同学讨论，这样可以开阔思路，开阔眼界。

整个课基本上没有讨论，其实像三鹿奶粉事件、H_1N_1 感染的防治对策可以讨论的问题很多。

临床学生的《预防医学》这门课就好像是公共卫生专业课程的一个缩影，有一本供临床学生用的统编教材《预防医学》，概括了公共卫生专业的好几个学科的内容，确实是勉为其难。我想既然是专为临床学生编写的教材，就应该有自己的特色，不必面面俱到，要有自己的理论体系。什么是临床学生的《预防医学》课程的体系框架？内容（几大部分、与基础医学和临床医学的联系）、研究方法和工作方法（服务对象是人群，流行病学和实验室研究相结合，利用基础、临床、实验、化学、物理等知识），公共卫生的思路是监测-干预-评价，从实际中来到实际中去。人群-环境的相互作用。

课后一位同学问我婴儿死亡率下降和老龄化是否有矛盾。我的解释是两者都反映了经济水平和医疗卫生水平的进步，中国老龄化来得早并没有错，相反，更说明社会制度的进步和医疗水平的提高，只是经济发展滞后了，提示我们，应该更快发展经济。她还问，那些统计资料是怎么来的，是否应该建立全国人口健康档案？我说这个问题提得好。目前卫生部正在建全国人口健康档案。她还问临床医生怎样研究不明原因的疾病？比如三鹿奶粉事件。我跟他们讨论了这次事件发现的经过，我说如果临床科室有学公共卫生的医生，或有人懂得卫生研究方法，可以更快阐明原因。从同学的提问可以看出，这些问题都是很专业的，他们对公共卫生问题很感兴趣，听讲时在动脑想问题。从中给我们教师有什么启发，应该好好研究。

七、少就是多的辩证法

（2010年3月23日，1~2节，讲课老师：朱华，
题目：食物因素与健康，学生：临床医学专业07级，2~5班）

今天又换了一个节目，由老师讲食物因素与健康。因为讲课很快，我只能大体上记录讲课的要点。

老师首先介绍了食物与营养的基本概念，讲了营养素的定义、功能，以及最低和最高需要量，适宜需要量，吸收率，供给量、平均每日必须摄入量，50%需要摄入水平，推荐营养素摄入量，适宜摄入量，可耐受最高摄入量，能量推荐摄入量。这些类似的概念容易混淆，我看到学生在摇头，有的学生说话，说话人越来越多，声音越来越大，听讲有点不耐烦。

接下去讲蛋白质需要量，放"大头娃娃"的照片，解释发生的原因是蛋白质-热能营养不良。营养不良可分为水肿型和消瘦型，放图片——非洲营养不良的儿童，像癌症晚期恶病质。

讲到蛋白质营养价值的评价，老师解释三鹿奶粉三聚氰胺事件——假蛋白的原理以及测定蛋白质的常用方法。这个问题已经有两位老师在此前讲过了，不宜多次重复。蛋白质营养价值的评价、消化率、不同食物的蛋白质消化率、蛋白质利用率、生物价、氨基酸评分、氨基酸模式。这些概念并非难以理解，所以不如不讲。

接下来讲到蛋白质摄入过量问题——可以使肾负荷加大、尿中含硫氨基酸增高、导致钙流失，引起骨质疏松。

接下来讲到脂类的生理功能——供给热量、脂肪酸、脂溶性维生素，保护脏器和关节。脂肪酸的分类：饱和脂肪酸（肥肉、奶油、棕榈油、椰子油等）；单不饱和脂肪酸，主要是橄榄油、棕榈油、茶油。多不饱和脂肪酸：有重要生物学意义的是 ω-6 脂肪酸、ω-3 脂肪酸两类。三种脂肪酸的比例，世界卫生组织建议：饱和脂肪酸：单不饱和

脂肪酸：多不饱和脂肪酸＝1∶1∶1。必需脂肪酸的功能，鱼油是DHA（二十二碳六烯酸）和EPA（二十碳五烯酸）的混合体，ω-3系列的α亚麻酸可以衍生为DHA和EPA。EPA和DHA的混合体，具有降低血脂作用和减少血栓的形成（俗称"血管清道夫"），DHA为维持视紫红质功能所必需；DHA对脑细胞的形成和生长起着重要的作用，对提高记忆力、延缓大脑衰老有着积极的意义（俗称"脑黄金"）。由于EPA在人体内可代谢成前列环素，进而强化人体性功能。儿童服用过量的EPA，有性早熟的可能。必须强调ω-6和ω-3脂肪酸的平衡。

老师接下来讲了以下问题：反式脂肪酸（TFA）与健康；什么是反式脂肪酸，反式脂肪酸的危害：一是增加患心血管疾病的危险，使高密度脂蛋白胆固醇（HDL）降低，低密度脂蛋白胆固醇（LDL）增加；二是增加患糖尿病的危险。老师举了一个例子84 000多名妇女、14年资料，摄入的TFA显著升高了体内胰岛素水平，降低了红细胞对胰岛素的反应能力。我觉得这个例子举得好，给人的印象比较深。如果让学生讨论：为什么会想到TFA增加患糖尿病的危险？如何证明TFA与糖尿病的关系？怎样设计这样的临床流行病学研究方案？我想，如果老师能结合这个研究案例引导学生讨论以上的问题，学生会感兴趣，并且收获会大增。同样我们也可以提出和讨论TFA增加患心血管疾病危险的问题。这样的讨论必然会增加课程的难度，让学生用脑思考，同时也与以前学过的基础课划清了界限，与一般的知识介绍（学生最不爱听的所谓的科普）划清了界限。课程向少而精去改的可能性是有的，空间是很大的，关键是老师要改变理念，还要有想象力。

TFA还可导致必需脂肪酸的缺乏，抑制婴幼儿生长发育。控制反式脂肪酸危害的措施：国家方面立法限制，企业方面推出代替人造脂肪的新产品，个人方面要注意查看产品成分表。

食物中脂肪的推荐摄入量与来源，食物中脂肪来源：植物油脂、动物脂肪、坚果类及谷类胚芽部分也有较多的脂肪。其他脂类：磷脂（生物膜的重要组成成分）；脂肪的吸收和转运。

胆固醇：生物膜的重要组成成分，能够维持生物膜的结构和功能；血浆脂蛋白中含有胆固醇，对脂类在血中的运输非常重要；合成类固醇激素、维生素D和胆汁酸的前体。主要存在于动物内脏，尤其是脑、蛋类、鱼子、蟹黄等含量也高，其次为蛤贝类。鱼类和奶类含量低。

糖的分类：单糖（葡萄糖、半乳糖），双糖（糖醇、寡糖），多糖（淀粉、非淀粉多糖）。肥胖者的减重方法，膳食纤维的生理功能：增强肠道功能、减肥、降低血脂、血糖，改善肠道内微环境、预防癌症，但过多会影响食物的消化吸收。其他方面所需要的热能包括：①基础代谢；②体力活动。

以上是今天的讲课内容。老师讲得很仔细、很认真，就是材料太多，我努力记笔记也不能记下全部的内容要点，难怪很多同学干脆不听了，或者索性睡觉吧。课后我把老师的课件找来，共有150张幻灯片。90分钟的课演示150张幻灯片，平均每分钟1.7张，这么快的速度听者很难跟上，更别说记住讲课内容或者思考问题了。我问老师为什么讲那么多，她说书上的内容比这还多呢！类似的问题在其他课上也经常遇到，老师也感到很无奈。每逢这种情况我都建议老师要考虑少而精，老师也同意，但就是减不下来。我想这里有三个原因，一是囿于教学大纲的约束，凡是大纲规定的不敢不讲；二是不知道哪些是学生必须掌握的东西，哪些是只需一般了解的东西；三是不知道现代教学的理念，不知道课堂教学的任务是：一方面学习知识，另一方面也是更重要的，是学会思考，往往是忽略了后者。解决的方法是：首先，让思想从教学大纲的约束中解放出来，教学大纲是课程的指导文件，规定了学科的框架、教学内容和教学方法，这是它的优点，所以不能没有教学大纲。但是有些教学大纲往往是教科书的大小标题的详细罗列，包罗万象，起不到教学指导的作用。老师要根据实际情况，具体分析，作出判断，应该讲什么、怎么讲。我们现在面对的学生是临床医学生，他们将来主要从事临床治疗，让他们了解一些食品和营养卫生一般概念和基本方法，遇到这方面的问题时有一些思路，就应该达到教学目的了。据此可以作出学生应学习掌握什么的判断，不可跟预防医学专业的学生同样要求，对于临床专业的学生要做到重点突出，有的放矢，大刀阔斧地做减法，做到讲课少而精。其次，精简什么内容应该深入研究，这涉及老师对本学科的理解和对学生的理解，原则上应该教给学生思考问题的方法，因此老师必须学会提问题，学会引导学生讨论。然后，老师应该学习现代教学理念，转变过去那种教师是知识的传授者，学生是被动的接受者的旧观念。树立师生共同探讨的新理念、新风气。老师必须明确认识到，课堂教学的两个任务是教知识和教思考，缺一不可，如果用全部的时间讲书本或互联网上的知识，那只能是完成一半的工作，而最重要的工作——教学生思考——没有做到。为此，必须留有足够的时间用于提问和讨论。以上的解决方法概括起来就是要充分理解少而精的思想、无为而无不为的思想。在《教育究竟是什么？100位思想家论教育》一书中有一位美国的当代教育家西奥多·赛泽，他说："学校应该专注于帮助年轻人发展很好地利用其心智的习惯……学校的学术目标应该是很简单的，那就是：要让每个学生掌握数量有限的基本技能和知识领域。应该遵循'少就是多'这句格言。"（［英］乔伊·帕尔默. 100位思想家论教育. 教育究竟是什么？任钟印，诸惠芳译．北京：北京大学出版社，2008，11：619.）在介绍者对赛泽的评论中说，课程的座右铭"少就是多"，是西奥多·赛泽的一句很有号召力的名言，表达了他对这项教育改革努力的核心理解，表明了他对学习质量的强调，认为学习质量的重要性超过教授质量。鼓励学生认真地、批判性地、按很高的标准去完成数量有限的极其重要的任务（既少又多），这集中体现了赛泽对学校的挑战，要求重新思考教育目标和实践重点：倾全力于理智的和富有想象力的、能使学生获得更多而不是更少的知识竞争；成为积极的而不是消极的学习者；表现出有动力和有求知欲而不是对学习漠不关心；要欣赏深度而鄙视浅薄，成长为能恭敬地怀疑和勤于思考的人而不是无所用心的人。

我想这段话对理解教育的目的和方法很有帮助，少而精，无为而无不为，少就是多，多就是少（这也应该成立，欲速则不达、贪多嚼不烂），充分体现了辩证的思想，值得我们好好体会和借鉴。从这个思想出发，可以考虑我们的课程减法该如何做。

营养素的化学性质、代谢、生理生化功能在生化课都讲过了，不必再讲，这样就可以腾出大部分时间探讨更重要更实际的问题。例如临床营养问题。我注意到在老师的课件中提了一个问题：糖尿病人不应该吃糖类食品，这个说法对吗？但是在讲课中没有讨论，而这是一个临床学生更感兴趣的问题。还可以提更多能引起学生好奇心的问题：营养卫生前沿进展与临床的关系如何？中国营养卫生存在什么重大问题？在临床如何发现与营养卫生有关系的问题？贫血是一个已经解决的例子，还有其他的例子吗？如何调查研究与营养有关的疾病？临床医生在营养研究中的作用是什么？老师讲到反式脂肪酸对健康的危害，DHA、EPA对预防心脑血管疾病有保护作用，怎样证明？这些问题能促进学生的想象力，让他们进行积极的脑力劳动，如果只讲一些资料性的知识，会让他们大脑抑制，心智变懒惰，甚至产生抵制情绪，不听讲课干其他事情就是值得注意的信号。

八、为什么讲得越细越不爱听

（2010年3月26日，3~4节，讲课老师：朱华，题目：食品因素与健康，学生：临床医学专业07级，2~5班）

今天朱老师讲无机盐、微量元素、必需微量元素，重点讲钙。老师让大家回忆钙的功用，同学们你一言我一语地回答：参与骨的生成、维持神经兴奋、激活凝血酶原、参与膜的通透性、调节内环境的pH值，低钙可引起软骨症，补钙可以使血压降低、肠癌发病率下降，摄入钙过量导致骨骺过早闭合、肾结石，影响其他微量元素的利用……看起来同学在生物化学课上学得不错。

老师播放了佝偻病患者照片，讲了骨质疏松，骨密度曲线，骨生长发育和衰老的关系。老师说人65岁以后丢失机体总钙量的30%~50%。减少骨质疏松的方法有增加钙的摄入、增加运动、减少钙的丢失。治疗骨质疏松的方法有补钙、雌激素疗法。雌激素的副作用是使乳腺癌和子宫癌发病增加，与孕激素合用可减少这种风险。大豆孕黄酮可能替代雌激素。

我一边听课一边想，关于雌激素疗法是否可以设计一个讨论题？因为这是临床常用的方法，内涵很丰富，可以提出很多理论的和实际的问题。可以让大家讨论雌激素疗法的机制是什么？与其他激素的关系是什么？当初是怎样提出这个疗法的？怎样证明有效？我想这样的讨论会激发学生的好奇心和想象力，也可学习如何提问题，如何做科研。

影响钙吸收的因素包括 Vit D，可以促进吸收，钙磷比例为 2∶1 时对钙的吸收好，母乳含钙多；饮食中植酸、草酸、脂肪过多及植物纤维过多、年龄大时不利于钙的吸收。钙的适宜摄入量是 800 mg/d，孕妇 1 000～1 200 mg/d，我国人均钙的摄入量远低于这个水平。（此时 11∶05，讲课声音小，学生注意力不集中，不少人干别的事、看电脑或睡觉。）

老师接着讲钙的食物来源、科学补钙、平衡膳食、常用食物钙含量表、人体钙营养的评价方法。老师提了一个问题：血钙能反映人体钙营养吗？甲状旁腺激素在钙平衡中怎样起作用？问题虽然提出但没讨论，有点遗憾。

下面讲铁与缺铁性贫血。这是学生更加熟悉的内容。在讲到预防缺铁性贫血时老师说可以食用铁强化酱油。我觉得这又是一个讨论的好题目，可以引导学生讨论怎样将铁加入酱油？怎样证明铁强化酱油具有预防缺铁性贫血的作用？怎样设计这样的研究方案？没讨论，又是一个遗憾。

老师介绍了在伊朗发生的一起不明原因的疾病，后来就叫伊朗乡村病。说有 11 个病人，主要的表现都是贫血。让人好奇和不解的是最后诊断是锌缺乏病。因为时间不够，老师没详细介绍。我想如果让学生从流行病学研究设计入手，讨论这个不明原因的疾病是怎样调查研究，最后判定与营养因素有关，一定能引起兴趣并且会大有收获。

这两节课中间没休息，老师一直在讲，有时讲得口干了，声音小了，我想老师一定很累，因为内容多，速度快，我听课也感觉很紧张。这堂课给我的印象是内容充实，有条理，表达清楚。在讲到不同的内容时，还提出过有启发的问题，例如：血钙能否反映人体钙营养？甲状旁腺素平衡跟钙营养的关系如何？由于时间紧，问题虽然提出来了，但没有讨论。

下课后我问同学有何感想，学生说老师讲课挺清楚，但是内容太多，没重点，建议科普的东西可以不讲，最好讨论课题。一位同学说老师讲得过细，另一位学生说生化课比这还细，但是学生爱听，这个课很多内容都知道，讲得越细越不爱听。我琢磨学生说的这句话很有道理，生化课每次都有新的东西，所以学生爱听，而这堂课为什么讲得越细越不爱听？就是因为新东西不多，老让学生咀嚼旧知识自然就感觉乏味。生物化学是基础学科，它的优势就是对学生来说都是新的，理论性、系统性强，每节课都有新东西可讲。营养和食品卫生学是应用学科，它的自然科学的理论基础大部分都在生化课上讲过了，如果老师重复讲这些内容，学生就不爱听。营养卫生学的优势在应用方面，营养和食品卫生问题渗透在生活中，无处不在，如何发现和解决这些问题，同样是令人向往、令人迷惘和值得探索的，有的是科学方面的，有的是社会学方面的，有的是管理方面的，在营养和食品卫生课堂上应该多讨论这些问题。本堂课上存在的问题是老师提问不多，没有交流和讨论，所以没能达到训练公共卫生思路和工作方法的目的。

我在思考提一些什么改进意见。我想，首先应该减掉一些内容，正如学生所说的，那些重复的、简单的、资料性的内容可以不讲，然后，以问题为中心，围绕着钙、铁、锌与健康或疾病有关的调查研究案例，设计2～3个讨论题。例如讲到钙与健康的关系，可以讨论：骨质疏松的危险因素是什么？如何调查研究？怎样评价大豆制品的预防骨质疏松的作用？讲到铁与健康的关系时，可以讨论：铁酱油真的有预防贫血的功用吗？怎样证明有效？讲到锌与健康的关系，可以讨论：伊朗乡村病是怎样发现的？爆发流行经过是怎样的？怎样确定它的病因？采取什么措施预防和治疗？怎样评价防治效果？结合课题讨论，老师可以让学生自学教材中的有关内容。这样既可以不讲科普，又有了讨论的时间。课堂上学生是学习的主体，老师是课程的主导，这堂课要让学生学什么、怎么学主要靠老师的思想和决策。我以为我们的教学不能以介绍很多资料和了解以前的知识为目的，而是应该让学生学会思考、学会研究方法、学会对一个事件做出判断和决定。

美国著名的教育家艾斯纳在讲到进步主义教育时说:"就课程自身而言,也呈现几个特征。首先也是最重要的,就是以问题为中心。杜威提出的以问题为中心,就是指教师运用教学的艺术激发儿童形成问题的环境,换个说法就是让他们的处境充满问题。问题的提出本身就是一种智力活动,寻求解决的过程还为经验性思考的使用提供了条件。杜威认为,完整的思想活动——从意图的产生、经验的运用到结果的评价,非常完美地体现在科学之中,课程就应该追求这样一种典范。"(艾斯纳. 教育想象:学校课程设计与评价. 李雁冰等译. 北京:教育科学出版社,2008:72)

我们现在一说以问题为中心的教学,就好像必须由几个系联合上课,完成某个题目的讲解。从上面的引文中,我们可以汲取一些启示,以问题为中心的教学并不是如我们想象的那么复杂,至少,不应该只有一种模式,我们应该提倡多样化,思考也是这样,不要僵化,要灵活。在一堂课中也要以问题为中心,把要学习的知识融于情境中、融于问题中。教学是一门艺术,艺术是需要想象力的。老师好比一位演奏家,演奏家需要好的作曲家的作品,还需要有鉴赏力的听众,这样音乐会才会和谐,给人以美的享受。教学也是,一堂课不仅需要有好的课程教材,还需要有好的教学形式来呈现,有了这两者还不够,还要有学生的积极参与,这三者完美结合,才能构成一次成功的课堂教学。这里说的教学形式就是老师要用多种方法,让学生学到知识,学会思考,学会方法,提高能力。教学方法的多样性表现在不只是老师讲解,还有课堂提问、引导讨论、小组活动、个别指导、适时提出有创意的活动等方法的灵活应用,让学生在50分钟的一堂课上,头脑不断思考问题,身体也适当地活动,让学生感受到学习既有收获又很快乐,脑子虽然不停地思考,却不感觉疲劳。组织这样一堂课,确实需要老师的想象力。

九、课程设计要量体裁衣

（2010年3月30日，1～2节，讲课老师：朱华，题目：维生素，学生：临床医学专业07级，2～5班）

今天朱老师讲维生素，她为今天的100分钟的课准备了90张幻灯片（PPT），内容非常丰富。首先讲维生素的分类，脂溶性维生素有 Vit A、Vit D、Vit E，水溶性维生素有 Vit C、Vit B_1、Vit B_2、Vit PP、叶酸。然后分别讲各个维生素的化学结构、食物来源、代谢、功能以及维生素缺乏引起的疾病、临床表现和防治措施。每讲一种维生素都有大量的图片、表格，例如 Vit A 缺乏引起的眼部损害——毕脱斑，摄入过多引起的胎儿畸形，Vit C缺乏引起的坏血病，Vit B_1 缺乏引起的干性和湿性脚气病，Vit B_2 缺乏引起的阴囊炎、口角炎等，看了这些病例的照片印象很深。也有些图表制作比较琐碎，比如食物成分表、不同国家不同时期营养状况比较等，没有留下多少印象，如果删掉这些内容，即可节省不少时间。很多没用的繁琐的东西讲得太多，反而会让学生思维混乱，好心的老师常不注意这个问题。讲课中老师提到几个与维生素有关的疾病，例如，Vit A 摄入过多引起胎儿畸形，广西毛南族学生脚气病爆发流行等，我注意到学生对这些内容感兴趣，比较注意听。学生本来知道的东西，或者可以自学的东西，老师如果一一讲到，学生就会说很科普，不爱听。这涉及我们应该教什么和怎样教。我以为，首先应从学生的实际出发，老师要知道他们所面对的是临床医学生，学预防医学的课时又很少，要把最有用最重要的东西教给他们，需要老师认真研究，对课程内容的取舍作出合理的决定。其次，要用多种不同的方法呈现这些课程内容，不要只是单一讲解。

我记得我们上大学四年级学习口腔医学，仅一周的时间，同学们感到收获很大，很愉快，至今印象深刻。为什么呢？这首先要归功于老师的教材好，针对卫生系的学生，我们的口腔医学讲义只有二十来页纸，老师把最需要掌握的知识，包括基本概念、基本技能和几种常见口腔疾病都写进了讲义；其次是老师的教学方法好，我们的课是由口腔科主任胡教授主讲，胡教授大概给大组（10多人）讲了两三次，其他时间是分小组实习。一位讲师带我们实习，她手把手教我们操作，怎样打麻药，怎样拔牙。拔牙时打麻药可有意思了，由于牙齿的神经分布不同，某一部位注射管哪几个牙齿，都分得清清楚楚。我记得在老师的指导下曾经看过一位牙周病的患者，从检查、诊断到作治疗方案，最后拔除病牙，做过一整套的操作。给我印象最深的是胡教授对口腔病的临床表现，牙齿的咬合、缺失、牙面缺损、颜色变化等的描述，概念非常清楚，直到后来我做饮水氟中毒的研究时，还能正确应用当年学到的知识描述氟斑牙的临床表现。学习皮肤病学与学习口腔医学的情况类似，也是一个星期，让我学到了正确描述皮肤病变的方法，诸如红斑、水肿、水疱、丘疹、结节、色素脱失、色素沉着、溃疡等。这些知识在我研究砷污染与砷中毒的时候也用上了。我举了学习口腔和皮肤病学对预防医学学生的好处，不仅在于学会应用一些知识和技能，更重要的是了解了临床思维方法，虽然学的时间不长，学的东西不多，但是我有了初步的经验，经验很重要，学习、智力总是从经验开始，逐步发展成长的。现在讨论教改，有人说对预防医学专业的学生来说，像口腔、皮肤病这类小科没用，可以取消。我反对这种说法。持这种观点的人既没有实践经验，也没有理论修养。相对内科外科而言，口腔皮肤似乎是小科，但它们也是医学体系中的一个结构，缺了它，体系就不完整。这方面也有负面的经验或教训。我们上学的时候没学过心理学和精神病学，现在看看心理学和精神病学有多么重要，公共卫生领域的研究和实际工作很多都与这两个学科有关。现在的医学模式就叫做生物-心理-社会医学模式，随便举个例子几乎都离不开心理因素。所以我说医学课程要在大的系统框架上保持相对完整，能给学生自学的指引；在小的结构内精简教学内容，达到少而精的目的，能让学生有时间思考，不要为了记住琐碎的知识和应付考试而疲于奔命。

我举上述的例子是想说明，为卫生系的学生开的临床课能做到量体裁衣，为什么我们给临床医学生开的预防医学课就不能量体裁衣呢？我们的课程设计要从学生的实际出发，教给他们最重要的、指引性的思想。我说教思想的意思是能启发智力的、有深度的思维方法，虽然讲课的内容是专业技术性的，但讲课中也能体现价值观和方法论。那些资料性的东西没有什么思想。老师要尽可能少讲，要相信学生有智慧有能力自学，只要老师引导得当，他们能自己建构自己的知识体系。学生总是说预防医学的课像科普。为此，刘老师还不无针对性地强调："你们要学会科普，很重要。"课间我与刘老师交流，我说太简单的科普完全可以不讲，让学生自学。如果学生掌握了研究思路和方法，那些科普就是小菜一碟。例如，在讲Vit A时，应该问一问学生是否知道那些跟Vit A有关的疾病是怎样发现的、怎样证明的？应该讲我们北医胡传揆校长是最早研究Vit A的科学家，特别是胡教授一直致力于农村皮肤病的防治工作，值得我们永远学习和效仿，这样可以激发学生的热情。

讲课中提到广西毛南族学生脚气病爆发流行，1994年某工地阴囊炎流行，叶酸与新生儿畸形等，都是讨论公共卫生思路和研究方法的好教材，因为要讲的材料太多，没时间深入讨论这些问题，有点可惜。我相信如果把这些问题进行深入讨论，学生一定会感到新鲜，不会再说那是科普了。离下课还有10分钟，讲Vit B_2和叶酸，显得很匆忙，但这不是大问题，学生可以自学，这也说明少讲或不讲完全可以，应该相信学生有自学能力，留出时间多讲思路、方法，比只讲概念知识重要。

有的老师说，教科书上的东西如果不讲，将来考试怎么办？这种顾虑很自然，但不必要。考试是教学的指挥棒，目前几乎都这样认为。但是考试的目的如果仅仅是为了检查学生对所学知识的记忆情况，那是太过狭隘。考试不仅是对学生学习的评估，也是对教师教学的评估。教学的目的一方面是教知识，一方面是教思考，因此评估也应该包括这两方面。如何评估学生的思考问题的能力是否进步了，现在的考试不能达到这样的目的，因此应该改革目前的考试方法，学校需要多研究。

上面的情况也反映了教师的教育取向，是教知识还是教思考？不同的老师有不同的考虑和做法，所以在我们的课堂上就有不同的表现。艾斯纳在《教育想象》一书中写道：

"课程设计者可以利用的选项，实际上包括丰富多彩的任何内容。像在整个教育领域一样，在课程领域，关于过程与结果的相对重要性的比较曾有一个长期的争论。强调过程重要性的人，倾向于建构促进孩子积极探究的学习机会。他们要孩子探究、思考和活动，并在这个过程中学习。过程的结果是孩子从操作中学到了什么。他们希望的是，这里活动的结果与所探究领域里真实有效的知识相符合。但是，这不一定是主要的目的。主要的目的是教孩子思考、活动以及从他们活动的结果中学习。

"那些强调结果的人，对孩子学习专业领域中成熟的结论更有兴趣。学生理解随机变化与自然选择之间的关系吗？学生掌握显性基因和隐性基因的概念吗？

"……发现学习的提倡者对帮助孩子学会像科学家那样思维非常感兴趣。在这些人看来。课程应该围绕问题而设置。课程设计者的任务是创造活动，帮助孩子在活动中发现问题或尝试解决问题。"（艾斯纳．教育想象：学校课程设计与评价．李雁冰等译．北京：教育科学出版社，2008：144．）

现在越来越多的教师认识到从过程中学习的重要，纷纷加入教学改革的浪潮。

十、技术与研究的区别

（2010年4月2日，3～4节，讲课老师：朱华，题目：合理营养指导，学生：临床医学专业07级，2～5班）

今天老师讲人群营养状况评价。评价的目的：了解不同生理状况、生活环境、劳动条件下营养状况和存在问题，提供营养改善措施的科学依据。简单讲完目的以后就讲营养调查，内容有：膳食调查、体检、临床检查和实验室检查，最后对个体和社会人群营养状况作出评价。我觉得人群营养状况评价这类的题目最适合进行案例讨论，对临床学生来说，如果掌握了人群调查的思路和方法，对他们将来的研究或实际行医的工作会有很大帮助。今天有 72 张幻灯片，在讲完目的以后，马上进入营养调查的内容。

膳食调查，称重法（老师进一步讲优缺点，很多学生在做其他事，此时是 10 点 10 分，刚上课 5 分钟），食物频率法，化学分析法（我想，没讲调查设计就直接讲调查技术，不妥。此时多人说话，课堂很乱，10 点 25 分），演示书本的食谱举例，查食物成分表。记账法要考虑食谱。膳食调查结果的整理及评价：营养素占能量的百分比是否合适？每种营养素与参考摄入量之比？主要营养素是否达标？早中晚摄入量的多少？三餐能量分配比例？动植物食物比例？是否满足轻体力劳动者一日的能量需要？

体格检查，反映较长时间营养状况，综合指标，生长发育。项目、方法。如何测量体重、年龄别等多项比较。腰围臀围怎么测？（讲得太细）。

营养缺乏病的临床检查，眼睛、黏膜、皮肤、口腔、骨骼……

实验室检查，血、尿检查，通过血、尿的检查反映近期营养状况。①蛋白质营养状况检查：血清总蛋白、血清白蛋白、血清球蛋白、血红蛋白、血清铁蛋白、白蛋白/球蛋白比值等；②脂肪；③钙、铁；④维生素 A；⑤维生素 B 类。

以上是第一节课 50 分钟的内容，下面是第二节课的内容：合理膳食的卫生要求。膳食结构，东西方不同，动植物来源要均衡，为什么要制订中国人的指南？慢性病：高血压、糖尿病、血脂异常发病率增高，运动减少。没有不好的食品，只有不好的膳食。健康的膳食要求：①多种食品搭配，植物为主，我国摄入谷类比例比较高；②多吃蔬菜、水果、薯类；③每天喝牛奶，我国的人均摄入量比印度低，牛奶与豆浆比较，大豆含有孕黄酮；④常吃鱼禽蛋；⑤减少烹调用油盐；⑥食不过量；⑦三餐分配要合理；⑧足量饮水；⑨饮酒限量；⑩吃新鲜卫生的食物。最后简单介绍 2007 年膳食指南。

今天老师讲的营养评价主要是介绍四种工具，即膳食调查、体格检查、临床检查和实验室检测。讲得比较细，学生听过讲课会增加这方面的知识，但我感觉讲课似乎缺少点什么东西，我考虑缺少的正是这些技术方法如何应用，犹如好看的珍珠，若缺少链接也终难成项链。教育心理学家布鲁诺纳说："知道一些东西是如何结合在一起的，就相当于知道了上千个关于他们的事实。"（乔伊·帕尔默. 教育究竟是什么？100位思想家论教育. 任钟印，诸惠芳，译. 北京：北京大学出版社，2008. 11：436.）。这堂课缺少的正是这种"结合"。我问学生："听了这堂课，你们会作营养评价吗？"他们说："现在只知道有几种工具，具体怎么用还不知道。也许需要实践以后才能掌握。"学生说得对，讲营养评价没有从研究设计讲，而是讲测量的方法技术，并且还很细，这样学生就抓不到要领，不知一项研究工作如何下手。这是思想方法和工作方法的问题。公共卫生评价也好，临床评价也好，其他任何一种科学研究也好，都应该先有思路，有一个设计，确定研究目的、研究内容、观察指标、资料收集方法、资料分析方法等步骤。这样的评价课最好用案例讨论的方式进行。老师可以先给出一个案例，实际的或虚拟的都没关系，比如可以问学生：如果你是一位研究项目负责人，你如何评价我国大学生的营养状况？或农村人口营养状况，或不同地区营养状况的比较？有了这样的问题，下面接着就是考虑研究的目的，是针对大学生蛋白质营养状况还是维生素？还是全面的营养评价？然后就要考虑研究的人群是什么，怎样选择研究人群，是抽样调查还是全面调查，样本量多大、怎样确定，是否要进行不同性别年龄的比较。人群确定以后，就要考虑选择什么研究指标，用什么方法测量这些指标。到此，才涉及老师讲的几种工具。我想，经过学生自己讨论，得出一个设计方案，再经过老师指点修改，最终就形成一个大致接近实际的研究设计。虽然都是纸上谈兵，但是这毕竟是一次接近实际的演练，对学生了解调查研究的思维过程会很有帮助，对他们的思维成长会有帮助，也有助于记住课堂上讲的一些具体知识。

今天讲课的重点是四个工具（或技术），如果不把它们放到实际情境中去，它们只是工具而已；相反，如果把它们放到研究设计的大框架中，它们就是一项研究工作的有机组成部分，是研究者的选项，而这个研究计划是由学生自己讨论而成，这一定会激发他们的创造热情。所以我说，技术方法是为研究服务的，首先应该讲设计思想，讲探究问题的方法，这才是最重要的。技术与研究的区别即在于此。

老师上课的目的如果是为了教知识，那未免立意太低了。我们常说培养学生的创造性、想象力，如果只教知识，创造力是很难实现的。要想培养有创造力、想象力的学生，首先老师应该发挥创造力想象力，创造一个有创造性的、有活力的课堂。在《教育想象》一书中，介绍了一个课堂研究案例《一堂陶艺课的素描：微妙平衡中的控制与平衡》（艾斯纳.教育想象：学校课程设计与评价.李雁冰等译.北京：教育科学出版社，2008：329.），一位中学艺术老师格布哈特的教学目的是鼓励学生要学会创造。他指出，他的课程旨在突出创造性问题，呼唤学生掌握控制材料，自由表达美学欣赏和判断。他不只是教学生如何操纵材料，而且还强调观察和思考的方法，鼓励学生在工作之前做好计划，鼓励学生思考和如何解决构建和概念化自己作品时可能出现的问题。该课程内容组织的连续性也反映了杜威哲学。学生从关注技能开始，然后更多地关注艺术想象和判断。学生在整个学期的每节课里都会注意这两个方面。每节课开始都由格布哈特老师简单地讲解，向学生呈现观察点和关键步骤。当学生掌握一项技术时，比如切割成厚片，他就鼓励学生选择更复杂的一些运用——也许先是一个杯子，然后是一个凸起的、粗糙的有图案的面具，一个带盖子的方盒子，一个鞋子的模型。当学生掌握了基本技能后，期末报告就是学生自由地创造和解决艺术问题（也就是给他们机会去展示所学到的东西）。……他认识到自己正在努力培养的学生的成长，也就是他们能够用自己的智力去克服困难，使他们做好准备开始自主学习，使他们看到如何创造出要解决的问题。

我们常说要培养学生发现问题、解决问题的能力，但又常不知道如何做。这个案例给了我们很好的提示，让我们看到一个有创造力和想象力的教师是怎样上课的，他的教学理念和教学方法，以及他的个人特质和魅力。那虽然是一堂艺术课,但从本质上说,所有的课堂都应该是这样的思维模式,何况课堂教学本身就是艺术呢!

十一、食物中毒——从例子中学习

(2010年4月6日,1~2节,讲课老师:王力,题目:食物中毒,学生:临床医学专业07级,2~5班)

今天是青年教师王力讲食物中毒。老师一开始就问学生:你们想了解什么内容?以前讲的食品污染还记得吗?没人回答,老师就开始正题,放了一张幻灯片——教学目的与要求:①了解食源性疾病的定义和分类;②掌握食物中毒的定义、特点及分类;③熟悉细菌性食物中毒的流行病学特点;④了解各类食物中毒的临床表现及防治原则;⑤了解我国食物中毒的现状。然后讲食源性疾病的定义和分类。这时,老师突然问一个问题:你们了解相关法律法规吗?食品安全法什么时候订的?是2009年6月1日。然后又接着讲定义,何谓食源性疾病?凡是通过摄食而进入人体的病原体,使人体患感染性或中毒性疾病,统称为食源性疾病(WHO)。如何理解食源性疾病?食物是传播媒介;病原物是食物中的致病因子;临床特征为中毒性或感染性表现。问:节日暴饮酒精中毒属于食源性疾病吗?猪绦虫病、蛔虫病是吗?食源性疾病的范畴包括:①食物中毒;②食源性肠道传染病;③食源性寄生虫病;④其他。食品安全法中食物中毒的定义改变了,把非传染病去掉对不对?

讲定义用了15分钟,并且后面还不断讲定义,这确实贯彻了今天的教学目的,要学生掌握食物中毒的定义,所以反复讲解。但是讲定义花的时间太多了,让学生心烦。老师没注意到学生的烦躁情绪在蔓延,说话声越来越大。讲课应该从案例、从情境出发,从事实出发而不能从定义出发,这是认识论的问题。个性与共性的关系,共性寓于个性之中,从案例讲起,最后总结归纳出概念、理论,这样讲课才生动感人，也容易记住。到 8 点 35 还在讲食品安全法中食物中毒的定义。为什么老讲这个定义呢？老师是怎么想？课后我问老师，他说："教学大纲要求，书上的知识点、基本概念一定要交待清楚。"我说："书上有的，可以让学生自学。"老师说："如果我不讲，考试的时候有这个问题，学生会埋怨我呀！"

著名哲学家维特根斯坦指出，我们的日常观念，很多没有简明的界定。你能界定一个椅子，从而就不致忽略任何其他椅子，也不致带进任何非椅子吗？你能界定词"游戏"，从而就包罗比如橄榄球和单人纸牌，以及桥牌、扮演角色和接球等游戏了吗？维特根斯坦认为，我们能使用"椅子"、"游戏"和其他许多概念，并非因为我们有一个纸上的简明定义，而是因为我们有一套实例。……维特根斯坦针对本质研究的警告是重要的，但这显然不是指所有概括的企图都注定是失败的。相反，它说明至少在许多情况下怎样去概括工作，那就是通过例子，并通过这些例子再自行扩展，而不是通过纸上定义。（布伦丹·威尔逊［英］. 简说哲学. 翁绍军译. 上海：上海人民出版社，2005：174-176.）老师上课、跟学生讨论问题，如果总是强调定义，很容易让学生的思维僵化，眼光短浅。

我也注意到老师不断提问，说明老师有意愿改进教学方法，让课堂活跃起来。我想，大班上课做好课堂提问，并且做到有问有答，有两个方面不能不考虑，一是提的问题是否有启发性，是否能引起学生的兴趣，为此，老师在备课时要周密思考，精心选择几个好问题；二是课堂上一定要留时间进行讨论，否则提问就没意义。下面是所提的问题，让我们来分析。

8：00，"你们想了解什么内容？以前讲过的食物污染都有哪些？"

8：05，"你们了解相关食品安全法律法规吗？以前叫食品卫生法，什么时候修改叫食品安全法？"

8：10，"暴饮暴食、猪肉绦虫性痢疾等属于食源性疾病范畴吗？食品安全法去掉了非传染病对不对？"

8：15，"将来你们当大夫如何诊断食物中毒？为什么学习食物中毒？"

8：20，"三鹿奶粉事件，你们知道怎样检测蛋白质吗？是用凯氏定氮法（以前已经多次讲过了）。"

8：25，"《建国大业》剧组食物中毒报道，问道：这是什么事件、原因？40个小学生食物中毒，是什么原因？因为食入了未煮熟的豆角所致。"

8：30，"我校发生过食物中毒吗？"

8：35，"食物中毒的定义是否要修改？痢疾、霍乱算不算食物中毒？"

8：40，"讲食物中毒特点，问未吃某种食物也有发病，可能吗？"

8：45，"按病因学分类，食物中毒分几类？细菌、非细菌分两类可以，还有什么？有毒动植物都有哪些？"

9：15，"食源性疾病的范畴还记得吗？"

9：25，"新闻报道中的十堰市幼儿园食物中毒是什么原因？如何治疗？"（只看新闻报道不能回答。需知对学生来说结果不重要，重要的是讨论调查过程，应该问为了阐明原因，还需要什么资料？）

9：30，"为什么夏秋季多发？"

9：40，"食品添加剂。问你们吃馒头吗？漂白粉漂白馒头？"（问的目的是要讲在允许剂量下对身体是无害的）。

纵观以上问题，真正有启发性的问题不多。怎样才能提出有启发性的问题？应该讲案例，围绕案例提问题，讲调查方法，就能提出大量实际问题、研究性问题，还可以解释重要的概念，或让学生自学必要的内容。食物中毒暴发是一个突发事件，处理这样的突发事件需要有深厚的专业知识、敏捷的思维和判断能力，还需要有随机处置的智慧。讨论食物中毒调查和处理也跟讨论临床疑难病症一样，极具悬念感和挑战性，学生感兴趣，对培养他们的公共卫生思路有帮助。这堂课老师也提到不少食物中毒案例，但是都没深入讨论。

学生反映老师讲得太琐碎太细，没有重点，其实很多东西书上有，不必讲。我问他们最希望学到什么？学生说希望讲案例，围绕案例讲一些必要的知识，关键是研究方法。这堂课讲食物中毒，但没有涉及食物中毒调查研究方法。其实有很多机会可以把问题引向深入，例如8点40时提出的问题，本来可以深入到公共卫生思路。在食物中毒现场，你会发现有人发病，也有人不发病；吃某种食物的人可能未发病，而未吃某食物也可能发病，为什么？这就要调查分析，应该设计调查方法，诸如怎样选择调查人群，怎样设立对照组，怎样统计分析和得出结论。为什么不让学生试着做一个调查计划呢？这就是想象力应该发挥作用的时候。设计一堂好的课程和上好这堂课都需要有想象力，因为教学是艺术，不是教条，老师要学会临场发挥，根据情况不断改变教学方式，不要只用一种教学方法。我想起梅兰芳的一个故事，20世纪30年代在前苏联演出《贵妃醉酒》，大戏剧家斯坦尼斯拉夫斯基看过以后问他，为什么同一个动作，上次演的跟这次不一样？梅兰芳笑着回答，因为那是艺术，我要根据当时观众的情绪、根据当时我自己的体验进行创作，为什么两次要一样呢？

选择什么样的视频资料也应该仔细斟酌。这堂课的视频资料都是事件的新闻报道，可用于教学的现场真实情况很少，既没有卫生人员调查的情况，也没有临床医生诊治情况，让同学讨论什么？没有情境无法讨论，问题和回答都是无的放矢。如果教师处理得好，可以由报道引出问题，比如问学生：你们看了报道，如果你们去处理，应该怎样做？临床医生和卫生医师怎样分工合作？为了判明原因，还需要收集哪些材料？视频材料的好处是真实生动，但不能提供现象背后的深层信息，要拿到这些信息，需要调查研究和逻辑思维。所以我想，教学视频材料不要追求新闻性，但是一定要有引发思考的东西，有情境，有一定的信息量。资料不可能很完整，也不需要天衣无缝，只要看过视频以后，能引发学生探索的兴趣、不断提出问题就行。

老师对教学进行反思很重要，反思也是一种教学研究，比如，今天老师提了很多问题，为什么没有引起学生的兴趣？这个问题很值得思考，找出原因，就是解决问题的开始。老师要学会质疑和否定自己，要学会从经验中学习，如果不能从生活中学会质疑，他就永远学不会思考。

十二、教什么、怎么教

(2010年4月9日，3~4节，讲课老师：王力，
题目：食物中毒，学生：临床医学专业07级，2~5班)

今天还是王力老师讲食物中毒，内容一是接续上次的细菌性食物中毒讲副溶血性弧菌食物中毒以及细菌性食物中毒处理原则，然后讲肉毒、河豚、毒蕈类以及亚硝酸盐中毒。老师每讲一种中毒，就举一个近几年报道的食物中毒例子，一共举了4个例子，每个例子都有照片。这些例子是：2005年4月27日，武昌一工地发生一起细菌性食物中毒（回锅肉引起），84名民工中毒；2003年福建霞浦县6名四川民工误食河豚发生中毒；2004年4月12日，广东清远城区龙塘镇发生一起采食蘑菇引起的家庭6人食物中毒事件，3名儿童死亡，3人病情严重；2006年2月16日，海南海口一小学发生18名学生亚硝酸盐食物中毒事件。我们注意到老师举这些例子是想把课讲得生动形象，让学生印象深刻，但不足的是，没有对这些案例进行讨论，其原因主要是老师并不熟悉这些案例，仅仅是把媒体的报道转帖过来；另一原因是这些案例没有情况说明，仅有一张照片，根本看不出来有任何食物中毒的特色，你说它是什么都行，反正都是护士在给病人打针输液。

从上述情况看，为了把课讲好，举例不一定多，重要的是用典型案例，引导学生做透彻的分析，让学生不断提问题。有的年轻教师怕学生提问，我曾跟一位刚毕业的博士谈过，希望他上课能多跟学生对话交流。他说，有时候他只想一个劲儿地讲，不给学生留时间提问，怕学生提问多了招架不住。年轻教师怕学生提问是常有的事，但如何克服呢？我想最好的办法是学习，我所说的学习不是指多看书，博士看了那么多年书，可以先不看书，应该先到实际中去学习。曾记否？临床老师多么愿意跟实习医生讨论病例，防疫站的老师对突发事件调查处理多么津津乐道！我们讲预防医学的年轻老师正是缺乏这种实践

经验，所以在课堂讨论时，或遇到实际问题时，觉得没有东西可讲，怕被学生问倒。其实学生提问题不是难为老师，他们是对实际的问题感兴趣，想学习老师的经验。为了克服这种尴尬局面，唯一的办法是到实际中去，补上这一课，当你有了实践经验时，你的底气就足啦。

在这堂课快结束时，讲食物中毒的调查与处理，老师很快过了一遍PPT：一般调查、采样检验及采样注意事项、采样数量，以及深入调查污染源和污染途径，以便提出有效的预防措施。随后又讲我国食物中毒的统计资料，用了10分钟的时间。最后老师说调查方法这一部分书上有，看看就行了。我对这句话感到惊讶，为什么应该深入讲解或讨论的地方，反而轻描淡写呢？我想至少说明老师没想到调查方法的重要性。当然书本上的方法也只是几条原则，不生动，枯燥无味，学生看了也没多大用。只有当方法与问题结合的时候才会解决问题，方法才有意义。解决之道还是一句话：围绕案例讨论调查研究设计，包括调查方法，这样才有启发性，学生才知道在实际事件发生时应该考虑什么问题，怎样着手工作。为此应该大力精简讲课内容，凝练问题，留出时间探讨问题。

课后我与老师交谈，首先对老师的工作充分肯定，老师是努力想把课讲好，但也存在一些问题，主要是讲得太细，科普的东西太多，没讲调查研究方法，没讨论实际的案例。改进的办法是应该以案例为中心，引导学生讨论调查研究方法。讨论问题不要从定义出发而应该从事实出发，从情境出发。不仅食物中毒讲课有这些问题，其他各位老师讲课都存在这些问题，是共性。如何解决？如果预防医学课程30多个学时，每堂课认真讨论一个案例，一共讨论30个案例，那该是什么效果啊！学生会学到多少东西啊！那时学生就不会说预防医学是科普，没意思。到了改变的时候啦！

老师说案例不易找，没有视频，我说不一定都要有视频，这跟临床病例不一样。临床讨论心绞痛病例，主要看心电图表现，很具体。公共卫生事件的调查比临床看病人要抽象，不要说很难用视频或照片表现食物中毒的特征，即使你亲自到了现场，也未必知道如何下手工作，需要哪些资料进行分析。公共卫生医师需要具备一套独特的思维方式和工作方法，他知道在现场应该收集哪些资料，如何进行分析，怎样得出结论。所以，当我们跟学生讨论食物中毒的时候，老师手里要准备一套完整的资料，不要一下子都拿出来，要引导学生提问，根据学生的问题，一点一点地揭露出来，让学生动脑筋分析，这样才能帮助他们思考成长。有些案例非常具有启发性和激励性，例如，新疆20世纪50年代流行的察布查尔病，儿童的发病和死亡率很高，但不知其病因。是连志浩、吴朝仁两位北京医学院的老师，经过调查研究证明是肉毒中毒。像这样的案例既生动又有激励作用，为什么不让学生讨论呢？

　　至今，我们一直讨论两方面的问题：教学内容和教学方法，即教什么和怎么教的问题。我主张以问题为中心，用讨论的方式，让学生思考，发挥想象力，提出各种可能性，最后用归纳的方法，得出结论，使问题得到基本解决。当然，说到归纳法，也有它的局限性，这是个哲学问题。著名的哲学家罗素就曾在《哲学问题》一书中，专门写了一章《论归纳法》（罗素［英］. 哲学问题. 何兆武译. 北京：商务印书馆，2007：54.）。罗素说："科学上的普遍原则，例如对于定律支配力的信仰、对于每件事必有原因的信仰，都和日常生活中的信仰一样，是完全依靠着归纳法原则的。所有这些普遍原则之所以为人所相信，是因为人类已经发现了有关它们的真实性的无数事例，而没有发现过它们虚妄性的例子。但是，除非我们先承认归纳法原则作为前提，否则这也还是不能提供证据说明它们在未来也是真实的。"如果我们的老师有一些哲学修养，善于站在哲学的高度引导学生讨论问题，那么学生的逻辑思维能力和想象力将会得到极大的提高，如果我们各科的老师都这样去教，我们的学生将会发展成为什么样子？让我们想象一下吧。当然，我们的老师不一定都对哲学感兴趣，在生活中又有来自各方面的压力，在教什么和怎么教的问题上，各有各的看法。但我还是认为，既然选择了教师这个职业，就是选择了一种生活方式。我们要研究教学。让我们尽力帮助我们的学生成长。

十三、卫生经济学的意义

（2010年4月16日，3～4节，讲课老师：李英，
题目：卫生经济学评价，学生：临床医学专业07级，2～5班）

迄今为止，预防医学课程已经有6位老师上了12次课，共24学时，已经讲过绪论、食品、营养、环境、职业、社会心理（我没听这次课）。今天是李英——也是一位年轻的教师——讲卫生经济评价。上课一开始，老师举了一个例子，请大家思考：一位感冒患者要想治病，有几种选择？选择1——去就诊，请问投入产出是什么？有的同学说是时间，有的人说是钱，有的人说是痛苦，老师都写在黑板上。产出是什么？——3天治愈。选择2——买药自服，买苹果……大家还在议论的时候，老师又提出新问题：如果对这两种选择作卫生经济学评价，需要考虑什么？有的同学说考虑投入产出分析。老师说对，今天要介绍的就是卫生经济学评价。老师就这样引入了主题。下面讲解两个基本概念：卫生经济学和卫生经济学评价。卫生经济学是研究资源如何向卫生行业分配，以及卫生行业内的资源如何配置的学科。卫生经济学评价是应用一定的技术经济分析与评价方法，将相关卫生规划或卫生活动的投入和产出相联系进行比较评价。进行卫生经济学评价的前提是：我们都是理性人。为什么要作卫生经济学评价？例如，5年前北京就诊的人数是100万人，这几年不断投入，效果是什么？统计表明，就诊率没有明显的上升，虽然硬件改善许多，但是软件没有改善。其中一个原因是没有进行卫生经济学评价，因而也就缺少及时的指导和改进。卫生经济学评价的核心是比较投入和产出，这个方法在预防和治疗方面都有用，例如对疫苗使用的经济学评价。评价的内容包括成本分析、最小成本分析、成本-效果分析、成本-效益分析和成本-效用分析。

这两堂课主要是讲解这几个评价的方法和基本原则。虽然经济学离医学比较远，可是今天的课堂还比较活跃，做其他事的人也比较少。

这应该归功于老师的讲课简明扼要、不断举例和提问。对医学生来说，有些经济学名词和经济学问题可能从来没听说过，可是他们并没有表现拒绝和烦躁，而是耐心去听，还不时向老师提问题。

我对这两堂课的印象是，老师表达很清晰，举例较多，也有一些问答。但有的例子计算多，对学生不一定有用。我建议，因为他们都是临床医学生，可以举一个与临床或公共卫生有关的例子，例如，医疗改革的经济学评价，找这样一个案例让大家讨论，学习评价方法，从中还体会一个临床大夫是否有必要学习卫生经济学评价？如果不学习会有什么后果？在临床医学研究或实际工作中哪些方面需要经济学评价？怎样进行评价？针对这些问题进行讨论，有利于启发学生的思路，将来也可能有用。

课后与同学交谈，坐在我旁边的一位学生说他听明白了，实际上一直在看解剖学。问王莹同学有什么想法，她说还行，挺有意思。她说选修了经济学双学位，所以听卫生经济学比较感兴趣。她的一位同学也有同感。另一位女生想问老师问题，她说"年龄贴现"是给活不到预期年龄的贴现，如果超过预期年龄如何计算？老师作了解答。说明这位同学在思考。我问她为什么感兴趣？她说这个课不一定有用，但作为社会的人，应该多了解一些。

这位同学的话让我思考一个问题：知识当然是越多越好，但在有限的学时数之内，是否需要把课程设计得面面俱到？如果说卫生经济学属于预防医学范畴，那么，我们是否也可以说医学社会学、卫生法学、医学人类学等都属于预防医学范畴？这显然不很恰当。过去，流行病学和卫生统计学以及劳动卫生、环境卫生、营养卫生、儿童少年卫生都在预防医学课上讲，现在流行病学和统计学拿出来了，成了两门课单独讲，而卫生经济学又放进来了，让人感觉预防医学课程好像一个大口袋，什么都可以往里装，又可以往外拿。这个现象说明，我们对给临床医学生开的预防医学这门课的框架或界定没有明确的理解。它的范围是什么？边界在哪儿？思路纲要是什么？如果不把这个问题弄清楚，就会把时间和精力分散，应该讲的深入不进去，不必要讲的又往里塞，最终，对学生的学习造成损失。

十四、健康行为干预

(2010年4月20日，1～2节，讲课老师：吴英，
题目：健康行为干预，学生：临床医学专业07级，2～5班)

老师一上来就自问自答：为什么关注行为？因为行为与健康的关系很密切，是影响健康的重要因素。吸烟、饮酒、饮食是重要的影响健康的行为。今天老师主要讲四个问题：①健康相关行为；②健康相关行为改变的理论；③健康促进；④健康咨询。

接着老师介绍了以下内容：健康相关行为可分为两类：促进健康行为和危害健康行为。

1. 促进健康行为。有5个特征：有利性、规律性、和谐性、一致性、适宜性。促进健康的行为又可分为5类。①基本健康行为，合理膳食、适量睡眠、积极锻炼；②戒除不良嗜好行为。戒烟、戒毒、限酒、不滥用药物；③预警行为。指预防事故发生和一旦发生事故后正确处理的行为，如系安全带、消防自救等；④避免环境危害行为，避免不利于健康的自然环境和紧张的社会环境；⑤合理利用卫生服务行为，如预防保健行为：定期体检、免疫接种。求医行为：人们感到不适，或觉察到自己患有某种疾病时，主动寻求科学可靠的医疗帮助的行为。遵医行为：指个体在确诊患有疾病后，积极遵从医嘱，配合治疗的一系列行为。

2. 危害健康行为。危害健康行为指偏离个人、他人乃至社会的健康期望，客观上不利于健康的一组行为。特点：①危害性；②稳定性；③习得性。危害健康行为的分类：①不良生活方式与习惯：吸烟、酗酒、吸毒、性乱等，高脂肪、高热量、低纤维素饮食，偏食、挑食、过多吃零食、久坐、不运动、不锻炼……②致病行为模式：A型行为——"冠心病易发性行为"：不耐烦和敌意。C型行为——"肿瘤易发性行为"：表面善忍，内心生气。③不良疾病行为：隐瞒行为、恐惧行为、自暴自

弃行为，不适应病人角色，不依从行为，疑病行为等。④违反法律、道德的行为，吸毒贩毒行为、卖淫嫖娼行为、投毒行为等。

第二堂课老师讲健康行为改变理论，包括知信行模式和行为改变模式。

知信行模式认为人们的健康相关行为以卫生保健知识为基础，以相关的态度和信念为动力。健康信念模式的理论框架：①感知到威胁（感知到易感性，感知到严重性）；②期望（感知到益处、感知到障碍）；③自我效能；④提示因素；⑤社会人口学因素及其他因素。

行为改变阶段模式认为人的行为变化是一个过程而不是一个事件，而且每个改变行为的人都有不同的需要和动机，只有针对其需要提供不同的干预帮助，才能促使教育对象向下一阶段转变，最终采纳有益于健康的行为。这些阶段包括：①没有打算阶段；②打算阶段；③准备阶段；④行动阶段；⑤维持阶段；⑥终止阶段。

课间与学生交谈，一位学生说这个课内容太多，比较杂乱，概念定义多，内在的逻辑性不强，没有举例，笔记也不好记。另一位同学说这个课好像不是医学课，而是文科的课，很简单，没有什么科学性，很科普。我问他们希望老师怎么讲，他们说讲些例子比较好。

课后跟老师交谈，我说我的感觉：①老师讲得不错，很认真，很多行为学的内容都讲到了。对医学生来说，行为学可能是新鲜的，但这些内容并不陌生，他们缺乏的是没有将那些零散的知识整理归类。今天的讲课从行为学的角度讲解与健康有关的行为模式，这类课讲好不容易，讲概念多了，又不像医学的概念那样科学的表述，所以学生不太感兴趣，说是内容偏科普，很多人干别的事或睡觉。如果老师说："有一本书，叫健康行为学，很容易读，对医学生很有用，你们自己去看，今天我们在课堂上不是要讲那些概念，而是通过介绍，讨论几个案例，请问大家：如何对行为与健康之间的关系进行研究。"我想，如果这堂课这样进行，可能学生会更愿意参与。②应该分析一下这节课的目的，我以为无非是：a. 交给学生科普知识，这对医学生来说不需要多讲；b. 交给学生传播科普知识的技巧，这是需要的，但应从案例和参与开始，不要从定义出发。今天的课堂恰恰缺少案例讨论和学生参与；c. 教给学生研究方法，当行为作为病因因素时，临床医生如何着手进行研究，如何发现行为与健康的关系问题、如何作研究设计、进行干预、评价，这些是一般基础课和临床课所不讲的，而对他们将来做科研会是有用的，学生会感兴趣。例如，当老师问：冠心病的危险因素是如何发现的？学生未必都知道，这时老师就可以介绍美国 Freimingham 的研究案例，经过多年的前瞻性研究，发现吸烟、高盐、高脂肪、高血压是冠心病的危险因素，获得全世界的认可，凡是按照这几条劝告去做，都从中受益。应该介绍这样的例子，让大家讨论，通过讨论，学生能学到公共卫生的思想，一些科学研究的思路和方法。

刚才说的是多种行为对某种疾病发病的影响，也可以讨论一种行为因素对多种疾病的影响。就以吸烟为例，吸烟可以引起冠心病、肺癌、肝癌、肠癌、泌尿系癌，以及糖尿病、新生儿低体重等，这些结论是怎样得来的？用什么方法进行调查研究？请大家在课堂上练习作一个小小的研究设计提纲。我想，对三年级的临床学生来说，那将是一次全新的体验，有一点难度，可能会引起他们的兴趣，也许不再认为那是"科普"了。

从这些天听课让我想到，预防医学课应该讲出一种思想，就是公共卫生的思想，要有一定的高度。如何跳出"科普的怪圈"，应该好好动动脑筋。这个课没有实验，没有病人，我们有的是案例，是思想。但目前的讲课缺乏案例和思想的高度。

十五、让思维更宏观一点

(2010年4月23日，3~4节，讲课老师：赵宏志，题目：中国卫生组织与卫生政策，学生：临床医学专业07级，2~5班)

老师说今天要从宏观方面介绍我国的卫生保健组织机构，特别要讨论一下新医改的问题。老百姓看病谁掏钱？如何解决看病难看病贵的问题？这些都是新医改要考虑的问题。大家知道新医改5项重点工作是什么？没有人回答。老师讲这五项重点工作是：加快推进基本医疗保障制度建设、促进基本公共卫生服务均等化、公立医院改革、健全基层医疗卫生服务体系改革、初步建立国家基本药物制度。在讲完卫生组织定义和大体上的分类，例如有卫生行政组织、卫生专业服务组织、群众性卫生组织等，老师提问题：卫生行政组织有哪些？学生回答：CDC，卫生部系统，军队系统，工业卫生组织系统，其他，校医院、社区卫生服务中心。老师又问：卫生行政组织的作用是什么？学生回答老师补充——决策、执行、监督、信息反馈……

老师提问：新农合归谁管？城市居民医疗卫生保障由谁负责？接着介绍国家卫生部机构演变图及各级卫生行政组织体系图。

什么是卫生专业服务？他们的特点是什么？卫生服务就是使用卫生资源向居民提供预防服务、医疗服务、保健服务等的过程。卫生服务组织是直接或者间接向居民提供预防、医疗等服务的组织，包括医疗、预防、妇幼、基层卫生服务组织。从广义上讲还有血液及其制品、医疗器械、医学教育和科研等。卫生专业（服务）组织有其特征，例如，他们的产出的界定和衡量比较困难、工作性质复杂变异性大、很多工作具有急救性质不可拖延、高度的相互依赖和相互协调、高度专业化、更强调职业忠诚。

我国的卫生专业（服务）组织包括：医疗服务提供组织、预防服务提供组织、妇幼卫生服务提供组织、其他卫生服务组织。

老师提一个问题：社区卫生服务中心的职能是什么？没有人回答。老师讲是六位一体：医疗、防疫、妇幼卫生、环境卫生、卫生教育、合作医疗等几个方面的工作都集中在基层卫生服务中心，如社区医院、乡镇卫生院、妇幼保健站。我国农村或偏远地区社区卫生服务条件比较差，老师边说边演示一组照片，他介绍了去过的一个乡级卫生院，工作条件差，县CDC每年财政拨款仅20万元，为了弥补投入不足，不够开支，就设立狂犬病预防接种门诊，用二类疫苗赚钱。

接下来，老师讲道，加强农村三级预防保健网和合作医疗赤脚医生制度的建设，落实卫生服务体系改革政策是目前工作重点。1997年《中共中央国务院关于卫生改革与发展的决定》没有很好落实，看病难仍然存在，医改不成功，药品集中采购问题很多，老百姓没得到实惠。新医改要完善医药卫生四大体系，建立覆盖城乡居民的基本医疗卫生制度：①全面加强公共卫生服务体系建设；②进一步完善医疗服务体系；③加快建设医疗保障体系；④建立健全药品供应保障体系。

老师又说，新医改是16个部委和全社会的系统工程，要抓紧办好。我国卫生工作方针是以农村为重点，预防为主。有关新医改有五项重点工作：①加快推进基本医疗保障制度建设；②初步建立国家基本药物制度；③健全基层医疗卫生服务体系；④促进基本公共卫生服务逐步均等化；⑤推进公立医院改革试点。

什么是政策？什么是公共政策？政策是由政府制定的指导和考虑解决问题的方法，政策具有指导功能、协调功能、控制功能、分配功能。政策的类型可分为元政策（总政策、基本路线）、基本政策和具体政策等不同层次。新农合的政策是由国务院制订的，以家庭为单位，解决大病如何补偿，规定上下限，避免发生因病致贫、因病返贫，在时间上和地区上差异比较大。

医院补偿渠道有财政补偿和服务收费，如果财政补偿减少，服务收费必须上升才能维持医院正常运行，同时也给不良的和犯法的行为开了口子，为了赚钱无限制地使用新设备、大处方，医德水平下降。新医改看不到医院收费的降低，老百姓看病贵的问题没解决。

老师通过一张示意图讲解医院补偿的二条途径：财政投入和服务收费的关系。财政投入少，为了维持医院运作，必然加大服务收费。

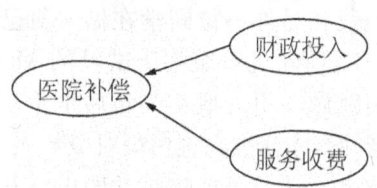

课后与同学交谈，我走到第一排一位穿红外套的女生前，问她对这节课的感觉如何，她说老师从宏观上介绍卫生保健组织和卫生政策，是她以前不知道的，学到很多知识。我问对这节课是否感兴趣，她说："我们学临床的不要把自己局限在狭小的天地，应该有一个大的视野，

知道自己周围的关系和自己所处的位置。"我说:"有不少同学对预防医学不感兴趣,你怎么看?"她说:"是的,今天来的人格外少,不过老师讲得很有意思,特别是基层卫生组织的现状,以及新医改政策,使自己开阔了眼界。"

我又与另外两位同学谈起这堂课,他们说:"老师从宏观讲了我们很多不知道的,挺感兴趣,特别是分析医院补偿渠道,如果国家财政补偿减少,势必增加服务收费,增加老百姓的负担,解决不了看病难看病贵的问题,过去医改的问题就是从这里产生的。"

我从同学们的谈话中看到学生对课程的理解,今天的卫生组织和卫生政策是很宏观的课,与细胞遗传分子生物学等课程相去甚远,但是你不能说那些宏观的课程不是医学,对医学生来说,既要学习微观的基础知识,又要学习宏观的医学人文和社会组织以及政策改革等知识,才能使自己发展成为全面的医学人才,特别是要使自己成为一些领域的带头人,必须有宏观的思维能力和组织领导能力,不能只会跟细胞和基因对话而不会跟人对话,不知道人间发生了什么事。有不少同学认为公共卫生课是科普,不值得学习,其实这种看法不对,他们不知道看问题应该从不同的视角去看,要学会不断变换视角,让思维充满生气、灵活性和想象力,这样才能有创造性。

最近有好几位这个班里的同学跟我讨论问题,去年我跟他们一起听课,认识了不少同学。我跟他们说学习公共卫生课最重要的是动手做调查。没想到一年以后,虽然他们还在上临床课,就开始做有关预防医学的研究了。王莹和另外一位同学在做《氯己定对呼吸机相关性肺炎的预防作用——12项随机对照临床试验的 Meta 分析》,王灵等 3 位同学想结合社会实践做汶川大地震 3 年后卫生工作的状况调查,卫绪同学想与医院的老师合作研究大气污染对成年人 T 淋巴细胞的影响。他们有一个共同的体会:学习了预防医学课思路开阔了,不仅关注单个的病人,而且还学会考虑人群的健康问题。他们说只要有思路,不会的可以学,在实践中学习更能增长才干。

我由衷地感到高兴,我们的学生思维方式在发生变化,视野扩大了,思维活跃了,思想逐渐成熟。我也为我们的公共卫生课的老师高兴，是他们把预防医学的知识介绍给了学生，启发了他们的思路和心智，他们跟基础医学和临床医学的老师一样，在培养新一代的医学人才中功不可没。

十六、为考试而复习

（2010年4月27日，1~2节，讲课老师：朱华，
题目：预防医学结业考试复习，学生：临床医学专业07级，2~5班）

今天是4月27日，老师宣布预防医学课将在5月18日晚上6点半考试，距考试还有两个星期，讲台下一片唏嘘声。今天这堂课是复习课，首先老师讲考试的题型及评分办法，介绍了题型，分值按老师的课时分配。然后老师给大家说复习的重点：先复习绪论，什么是预防医学？为什么学习预防医学？什么叫食品卫生学？什么是食源性疾病？ADI值、食物污染来源、微生物污染的指标，食品腐败变质的概念、原因，怎样预防挥发性盐基氮、二甲胺、三甲胺、黄曲霉毒素等的污染？食物的化学污染：食品添加剂及其分类，重点是N亚硝胺的前体物、多环芳烃和杂环胺等。

老师接着讲了，食物中毒要求掌握的重点是概念，了解副溶血性弧菌食物中毒、细菌性食物中毒的流行病学特点、处理原则，河豚中毒、毒蕈碱中毒、亚硝酸盐中毒处理原则有关环境卫生、职业卫生内容的考试要求也是掌握概念、定义，还有社会医学方面的内容，老师说大体上都是按以上的要求和方式，就不多讲了，自己下去看书吧。

课后我问王莹同学对今天复习课的感觉，她说老师给说说重点，还行，不过内容还是太多。又问两个男生，这样复习有用吗？他们说一点用也没有，只是把每个老师讲课的PPT又过了一遍。预防医学的内容太多太杂，就得背啦。我问这课上完了对预防医学有什么理解？他们说，有一些认识，内容多，很庞杂，讲概念多，应该多讲一些实例和研究方法。

我觉得学生说得很对，今天是最后一堂复习课，老师还在强调记住定义。我以为这堂课除了帮助学生复习，更重要的是应该通过总结归纳把以前讲的内容再提高一步，提炼一些思想和方法。绪论课说要学习科研思路和研究方法，我看老师上课都没把重点放在这儿，绪论的要求落空了。

十七、我想整理一下我的思路

预防医学课结束了，有一些听课的感受，应该总结一下，正好预防医学系要开总结会，可以跟各位老师一起讨论。虽然每次听课以后跟老师都要交流，但有一次机会集中研究临床学生的预防医学课教学还是很难得的。

1. 课程安排涵盖了公共卫生学院本科生各门课的内容（流行病、统计另开课），每样都讲，势必占去时间，重要的东西就无法深入。当然，各门课都是一个专业，都有可学的东西，但是考虑临床学生的需要和时间，应该教给他们最需要的、比较难掌握的东西，这就是公共卫生思路和研究设计方法。把那些容易自学的内容统统删除，这就是少而精，就是无为而无不为。

2. 现在的预防医学是各科拼凑的，而不是一门独立的课程，恰恰应该按独立的课程设计教学。现在是每个老师上来都要说自己学科的定义，整个讲课过程大定义小定义，概念太多了。讨论问题应该从实际出发而不应该从定义出发。

3. 按各部分的重要性来说，课程安排不合理，食品卫生8次课，环境卫生1次，职业卫生2次，显然环境卫生的课时太少。

4. 讲绪论时老师说预防医学的研究方法由各论讲，但各论都没讲研究思路和研究方法。

5. 应该以案例为主深入讨论思路、方法，但老师没意识到如此做的重要性，都愿意讲概念，这应该是认识论的问题。老师应该清楚，最生动、有用的是用案例引导学生讨论。预防医学这门课 36 学时,如果安排 30 个案例,每个案例都从情境出发,让学生练习自己做设计,大家一起讨论研究设计方法以及如何收集资料和整理资料、如何进行统计处理,如何使用统计图表法,以及如何下结论等,涉及书本理论的,老师指导学生去看参考书,如此改革下来,学生的收获会比不改革教学的收获要大得多。少讲、多练、从案例出发,应该是我们的结论。

6. 这门课的出路应该在此。①首先是做减法,大刀阔斧精简内容;②然后是准备典型的案例,结合案例,设计必要的理论学习;③引导学生讨论。很多大的公共卫生问题可以引进,例如 SARS、三聚氰胺问题、转基因食品问题等。

7. 要有一本好的教材,打破拼盘式的教学,编一本少而精的《预防医学》,不要传统的面面俱到的教科书,要编成方便学生的学习指导,大体上应该包括:①案例;②问题;③设计指南;④写作指南;⑤理论学习指南。

8. 现在的教学常是以考试为导向,让学生着重记住概念,这样训练出来的学生思维僵化,缺乏想象力和创造力。我们应该摒弃这种过时的落后的教学和思考方法。考试与课程何者为重?当然课程为重,考试为轻,考试只是课程评价的手段之一。应该以课程指挥考试而不是考试指挥课程。以案例为主的教学,势必导向以思考为主的考试,例如问学生当发生一次公共卫生事故时的设计思路,或者问作为临床医生,你该怎么办等,这样就避免了死记硬背定义和概念。

十八、一年后再听食物中毒

(一年后再听预防医学课,感到有一些新气象。2011 年 3 月 21 日,
1~2 节,讲课老师:王力,题目:食物中毒,
学生:临床医学专业 08 级,3、4、5 班,4 教)

去年春天我听王力老师讲食物中毒,给我的印象是内容太多,概

念太多，我建议他少讲，从案例出发，多讨论。上星期二的下午，王力、高平两位老师和我一起讨论了今年的讲课提纲，他们都同意从案例出发，多讨论。他们每人只有一次课（二学时），但并没有因为课时少而放松备课，还是非常认真准备课件，有时他们还相互讨论，提供建议。

今天的课比去年有改进，去年一开始就用很长时间讲食源性疾病和食物中毒的定义，今年是从一个案例开始，逐步引入概念，学生听起来比较有兴趣。大约上课的前40分钟老师提问和讨论比较多，此后的一个小时基本上是老师讲。案例讨论是以原文的顺序为根据，那是经过加工的杂志文章，不是原始材料。我们希望从原始材料入手，让学生讨论调查研究的全过程，这样才能引导思路逐步深入，才能学习到卫生医师的思考问题的方法和工作方法。为此，老师最好把原来的文章改写成资料，做到学生需要哪方面的数据，老师都能提供。现在这样讨论，学生还是不知道文章中的那些资料是如何得到的。

课堂应以学生讨论为主，特别要让学生亲自动手活动，老师不要多讲，只要多提问多启发，适当引导，让学生自己适时进行总结，老师不要着急代替总结。活动为主很重要，这应该是参与式教学的核心，活动包括学生相互提问，设计，讨论，计算，操作。在这个案例中，可以让学生设计调查提纲，调查表格，如果学生不亲身做一做，就没有印象，还是不会做。学生讨论不积极，主要原因可能就是没让学生亲自动手做。

通过一次课就让学生学会怎样调查处理食物中毒是不现实的，但至少应该能从案例讨论中总结出一些规律性的东西，不需要老师最后强调记住食物中毒的定义、分类、各种食物中毒的特点。老师为什么一再强调定义呢？因为这些是考试的重点。我想，既然上课是以案例讨论为线索，那么，为了检查学习效果，为什么不能让学生写一个小设计，代替我们一贯使用的选择填空呢？哪种考试更能反映思维能力呢？显然是后者。教学常跟着考试转，教学要改革，考试也必须改革。

老师想让大家讨论。但让他困惑的是学生不配合，"你再怎样调动他们也不发言"。我知道，有一些同学不把预防医学这门课放在眼里，上课时他们看解剖学、微生物学，或者听英语，也有的人夜里玩游戏，上课睡觉。对于这些同学，我们应该跟他们说，你们已经是成年人啦，应该有责任感，对自己应该有所要求。从老师这方面讲，我也注意到，除了课程内容的原因以外，老师的教学方法比较传统，教学机智有限，不能有效地组织和调动学生参与的积极性，只是说："你们说呀！为什么不讲话呢？"这种现象不只是张老师的课堂有，其他老师也有，这是普遍现象。学校教育处是否要考虑一下，为了提高教师的教学水平，从教育理念到教学方法，进行经常性的培训。我们有很多教师是上课来下课走，没有机会跟学生交流，可能也不愿意多交流，所以他们根本不理解学生的思想和行为。其实学生对老师的讲课都有评价，沉默、看其他书、睡觉就是无言的评价，有的老师太不敏感，对学生的这样的"评价"视而不见，有时还怪学生不注意听讲。所以，学习很重要，老师需要向学生学习，虚心征求他们对于改进教学的意见。还要向理论学习。我们的老师对教育学不甚了解，对参与式教学的理念和技术的理解和掌握都不够好，课堂的掌握和控制能力不行，其根源是我们没有好好学习现代教育教学理念和方法。我们的老师在医学上可能是专家，但在教育教学上不一定是一个好老师。在这方面我们应该向中小学老师学习，他们对教育教学理念和教学方法的研究比我们大学老师做得好。在《教育想象》一书中的案例研究中，有教育学研究生玛丽·伯奇纳的一篇《教学的自然法则：对一个课堂的研究》，在"最后的思想"中，她说："在比尔（英文文学老师）班上听课的四天里，我敢打赌，比尔教给我的要比教给他班里的任何学生都多。他使我认识到我是多么忽视课堂里存在的一切，多么不理解中学生。但是他呈现给我的最重要的事情是那么多的大学教授，作为一个群体，应该自发地向中学教师学习，学习关于如何做教师。"（艾斯纳. 教育想象：学校课程设计与评价. 李雁冰等译. 北京：教育科学出版社，2008：328.）在陈向明主编的《参与式教学与教师专业发展："西部基础教育发展项目"的经验与反思》一书中有很多培训经验、教师反思和案例分析，值得我们去学习。最重要的是学习者必须自己主动参与，带着自己的问题和已有经验来学习；并通过解决问题，才能获得真正属于自己的知识。（陈向明. 参与式教学与教师专业发展："西部基础教育发展项目"的经验与反思. 北京：北京大学出版社，2008）

十九、一年后再听氟中毒

（2011年3月23日，1~2节，讲课老师：高平，题目：环境与健康，学生：临床医学专业08级、3、4、5班）

老师说环境与健康这个题目很大，但上课仅仅两个学时，不可能很全面介绍，为了理解环境与健康的关系，更多地要求自学。我们上课也要互动。老师说，我们先问一个问题："怎么理解环境？环境问题有哪些？"

学生回答："粉尘引起矽肺，铅污染引起铅中毒。"

老师："什么是原生环境和次生环境？"老师演示PPT，环境因素包括自然的和社会的。

老师："什么是地球化学性疾病，请举例？"

学生："饮水中缺碘引起甲状腺肿。"

老师："还有什么？哦，高砷、高氟都可以引起中毒。次生环境——公害，例如噪声、日本福岛核电站、2005年吉林石化厂爆炸事故、2010年天津化工厂等事故，过去的世界十大公害事件，水俣病是有机汞中毒，痛痛病是镉中毒等。临床医生常是第一个看到中毒的病人，所以你们将来当了大夫可能会遇到中毒的病人，应该想到环境因素。"

老师又问："怎样收集与环境有关的致病因素的资料？"

没有人回答。这时老师演示PPT，介绍一个案例。一位驼背、骨关节变形的病人照片，年龄40多岁，主要表现是驼背，关节痛，X线显示骨骼结构改变，骨小梁和骨皮质病变。

老师问："从主诉、体征来看有什么问题？应作做什么检查？大声说好吗？"

学生："查血尿标本，看有什么过量的金属，做X线检查。做全面的体格检查。"

老师:"经检查,心肺肝肾等器官系统没有发现异常。你们想可能的健康问题是什么?病因是什么?"

有同学说可能是氟中毒。老师说:"当你考虑氟中毒的时候你怎样证明你的诊断呢?"

学生:"调查环境因素,看是否氟含量不正常。"

老师:"对,收集地区环境资料。那么这个地区出现的会是单个病例吗?"

学生:"不会。应该是有很多病例。"

老师:"对。所以收集信息应该包括环境资料和人群资料,收集患病人数,计算患病率,然后看是否与环境氟含量有关联,这就是剂量-反应关系。"

老师进一步问怎样调查环境因素,没有人回答,老师就自己讲,还要收集自然环境、环境接触史、生活环境、职业环境,生活习惯等资料。引起氟中毒的原因有4个方面:①饮水氟增高大于$1\,mg/L$;②含氟煤炭;③职业氟污染;④粮食、茶叶含氟高。

回到病例,老师又问:"应收集哪些环境资料?到底是水的问题还是煤的问题?还要考虑家庭居住环境,居住年限,饮食情况,职业接触史,接触年限,当你考虑环境因素时至少收集以上资料。"

老师又问个人应该做哪些检查,学生说要检查血氟、尿氟。

此时我注意到20多人睡觉。8:53老师宣布休息,10分钟后上第二节课。

老师说大家看到这个案例不是个人问题,是群体的问题。现在,请大家设计一个调查方案,基本情况是全村300口水井,很多儿童和成人氟斑牙,成人患氟骨症。你怎样进行调查?

我注意到,虽然老师让学生做调查设计,但并没有真的动手做,老师接着自己讲。井水氟含量会是一样的吗?一定要采样化验井水含氟量,询问每个人喝哪口井的水,调查对象应包括成人和儿童。分析剂量-反应关系,尿氟增高与患病率、牙齿和骨骼改变的关系。从井水氟含量出发,应画曲线图,表示剂量-反应关系。普查儿童氟斑牙、成人氟骨症。

老师又问:"应该选几个调查地点?"没人回答,老师就自问自答,至少要选三个点,有对照、有高发病点,还要有低发病点。这是为了对比研究。

9:30离下课还有20分钟,没有再提问,老师讲了以下内容:剂量-反应曲线和时间-反应曲线,环境因素作用的特点是低剂量、长时间累积引起中毒;多种毒物联合效应,多途径的摄入;联合作用的类型有相加、协同、拮抗、单独作用。最后讲氟中毒的预防和处理。老师要求同学,课后自学书上的内容,并且考虑一个"环境因素与健康"的科研设计。

去年讲概念多,重复多,今年大有改进。主要表现在:一开始就引入一个病例,45岁男性,骨关节痛变形。问了很多具有启发性的问题,主要是围绕单个病例的。我一边听一边想,从一个病例入手是可以的,但不要停留在一个病例上,我们的目的是考虑公共卫生问题,应该很快引到病人居住的山村,讨论这个村子的环境和村民健康状况。其实最好的办法就是直接给出一个人群发病的案例,例如,某山村数百人患病,主要表现是骨关节变形和氟斑牙。请大家讨论是什么问题,怎样着手调查,包括地区、人群怎么选?调查哪些内容?用什么指标?用什么方法收集资料?怎样整理资料?怎样进行统计分析?怎样得出结论?从何处下手很重要,往往新手遇到这样的问题不知所措,特别是临床医生,他们习惯于看单个病人,问病例、查体、望触扣听,轻车熟路。但他们到了处理一个人群问题的时候就不知从哪里下手了。这时,如果我们能帮助临床医学生学习公共卫生的思路和工作方法,可以开阔思路,将来也会很有用的。

讨论一个村的调查设计以后,还应该问学生:还有什么问题需要考虑?学生可能想不到更多了,这时老师要启发学生考虑更大地区范围是否也有氟中毒的问题,怎样调查?这就是认识上的矛盾,一个问题解决了,还有新的问题,老师要会制造这种所谓冲突,让学生从思维上得到锻炼,让思维一步步深入。这时老师引导学生思考,可以从人群着手,也可以从环境调查着手,总之是从这两方面调查,分析剂量—反应关系。这样的思路就把学生引向关心广大人群的健康问题，视野更开阔，思想境界更高。通过调查发现可能的病因因素，还要确定哪种是最主要的因素，此时可以引导学生讨论确定流行病学因果关系的几个条件，诸如联系的时间性、联系的密切性、联系的普遍性、联系的特异性、联系可用科学道理解释。采取治理措施以后还需要进行评价，改进，再评价，再改进。最后，在老师的引导下，让学生总结公共卫生的思维方法，那就是：监测——干预——评价。从哲学上学习公共卫生学的工作方法和思想方法。

跟王力老师一样，高老师也说学生调动不起来。下课后老师跟我说的第一句话就是："我想办法改进，但还是有不少人睡觉。"我说你注意到有不少人睡觉这说明你很敏感，这让我们知道我们的不足。我说课堂调动不起来主要原因是我们的方法少，课堂组织能力欠缺。最关键的是学生没有真正动起来，没有真正参与进来。比如，让学生设计一个村的调查计划，但没留时间，没说"现在开始设计吧"。而是老师继续讲，这是什么原因呢？我觉得，还是老师着急，沉不住气，可能心里想还是把准备的东西先倒出来比较放心。这样包办代替就没有启发的作用。我想起一位小学老师讲数学，所有的直角都一样大。老师提了一个问题，说他在黑板上画的直角，比学生书本的直角大，大部分的学生认可，他就急忙纠正，直角的角度与两边叉开的大小有关系，与边的长短没关系。老师下课后反思，孩子们真正弄明白了吗？这位老师认识到，如果让学生自己用三角板比较各种直角，让孩子自己发现直角的角度与两边叉开的大小有关系，与边的长短没关系，自己经过探究得出结论，可能会更好。（王俐妹. 认识直角课堂教学实录与评价. //陈向明. 参与式教学与教师专业发展："西部基础教育发展项目"的经验与反思. 北京：北京大学出版社，2008：236.）

我对这堂课总的印象是，老师非常愿意帮助临床学生学习预防医学，他们备课认真，上课时精神饱满，试图用一些新的教学理念和新方法。课堂上老师提了很多问题，启发学生思考，想用参与式教学，让学生回答问题，但是方法少，课堂调动不起来。我建议我们的医学专业老师学习一下中小学老师的做法，他们调动课堂的艺术比我们大学老师高明得多。比如，仅从形式上讲，中小学老师上课用参与式教学法，他们就设计了一堂课（40分钟）的流程图，需要提什么问题，怎样分组，学生怎么活动，老师怎么活动等，都考虑得很仔细。（张丽红. 参与式教学有利于学生能力、创新意识的培养. 陈向明主编. 参与式教学与教师专业发展："西部基础教育发展项目"的经验与反思. 北京：北京大学出版社，2008：184.）

二十、职业卫生——开胸验肺的悲剧

（2011年3月29日，1~2节，讲课老师：郑光，题目：职业卫生与职业健康，学生：临床医学专业08级，3、4、5班）

给临床学生开的预防医学课涉及环境卫生、劳动卫生、食品卫生、儿童青少年卫生等多个学科，由各方面的老师共同承担，每到一位老师上课，他就按照自己专业学科的结构样式给学生讲课，这样就遇到一个大矛盾：时间少、内容多，结果是面面俱到而没有重点，应该深入讲的不能深入，不能激发学生的兴趣，学生不爱学。我建议应该研究一个适合临床学生学习的新的预防医学课程，打破预防医学下面的亚学科的界限，老师也不必在一两次或两三次讲课中全面讲解他那个学科。比如环境与健康，一次课两个学时，老师可以直接进入主题，不必全面讲解环境卫生学。大约一周前，我和郑光老师讨论她的备课材料，我也建议她少讲，多讨论，从案例出发。她说刚刚接到本课程协调人刘老师的邮件，是讲课大纲，要求挺详细的。我说那些都是对掌握书本知识的要求，书本上的东西可以让学生自学，我们要给学生的是书上没有的、更生动有趣、更刺激思维活动的东西。郑光老师很同意。今天郑光老师讲职业卫生与职业健康。

8点钟开始上课，老师首先提了一个问题："中国职业卫生现状你们有印象吗？我国经济发展很快，GDP世界第二，是制造大国，世界工厂，60%的服装都是中国造。玩具也是大部分来自中国。你们知道制作玩具过程存在什么有害健康的东西？"

学生回答："胶。"

老师说："什么？"

学生回答："有机溶剂，氯仿、四氯化碳。"

老师说："还有苯、甲苯、二甲苯、苯乙烷、正己烷等。中国有7亿工人，2亿人接触有毒有害物。那么，职业病是必然的吗？中小企业有1千万，农民工为什么是最大的受害者？"

下面看几张照片，有肿瘤、尘肺、正己烷中毒。这时老师问："请同学举例说明肿瘤的原因有哪些？"

学生答："吸烟"

老师在黑板上板书，"油漆涂料"老师补充说，"甲醛、苯、苯乙烯——引起白血病、还有重铬酸钾等"。

老师问："2009年全国职业病报告1.8万例，其中1.4万例是尘肺。请问：致病因素有哪些？"

学生回答："煤矿、砖瓦、纺纱、水泥、面粉、粉笔沫。"

老师说："粉笔沫不严重。"

接下去老师讲颗粒物在空中停留时间决定于质量、粒径大小、风速。进入肺泡的颗粒物是很细小的，在 $5\mu m$ 以下。吸入 SiO_2 引起矽肺，SiO_2 导致巨噬细胞增生，进一步导致肺纤维化。涵洞作业工人易发，预防措施是湿式作业，通风除尘，个人防护戴口罩。接下来，介绍了职业中毒包括：急性中毒，如一氧化碳中毒，慢性中毒；如重金属中毒、有机溶剂中毒。肿瘤：焦油工接触苯并芘，石棉引起间皮瘤，联苯胺诱发膀胱癌。职业中毒的预防总的印象是不乐观。一是工人体检率低，只有10%，有关部门互相踢皮球，不负责任。二是职业中毒潜伏期长，工人流动性大，还没等到发病，人已经换了工作岗位。

8：25，看开胸验肺的案例张海超的视频。看完视频，老师请大家讨论。提出问题："为什么要开胸验肺？"原因是因为职业病院拒绝作诊断，原因是患者没有劳动合同。乞求政府部门帮助，办事人员说就是这样规定，没办法。老板心太狠，不给签定劳动合同，你要签定合同，就别在这儿干，而法律又很刚性，一点也不通融。评论员说如此坚持原则，不是制度有问题而是管理人员有问题。目前的劳动合同签约率只有 10%。劳动执法对企业多么宽容！到了对卫生监督部门检查部门问责的时候了。

　　第二节课开始，老师提了一个问题："你们看了视频的感受是什么？"老师走下讲台到学生中间。学生说话声音太小，老师就让他大点声。

　　学生1回答："工人合法权利没有保障，企业的责任很大。"

　　学生2回答："应该建立社会保险，当发生职业病的时候，保险会提供帮助。"

　　学生3回答："现在劳动合同的签约率太低，是企业在逃避责任，政府应该加强管理，我们的政府应该保护工人的利益。"

　　学生4回答："应该加强法律法规的建设，让处理职业病的问题、卫生监督问题有法可依。那些无视工人健康的公务员和管理人员，应该让他们去做工。"

　　学生5回答："对守法的企业也应该保护，工人上岗前应该体检。"

　　学生6回答："目前我国这些问题解决比较难，是一个长期的过程，是全社会的问题，各方面都要负起责任。首先政府要有作为，走近基层，以人为本。"

　　老师："我们医生可以做什么？"

　　学生1答："宣传，医疗服务。进行职业病筛查，早发现、早诊断、早治疗。"

　　学生2答："进行流行病学调查，确定病因。重在预防。应该督促企业做好预防工作。"

　　9:25，老师总结学生的讨论，感谢学生的发言，经过相互补充，对职业病的预防工作的基本思想和方法就都全啦。余下的时间老师讲解职业有害因素的分类、致病条件、预防措施，间或也提一些问题。最后请大家总结职业病的特点。同学们小声说：潜伏期长、有共同原因集中发病、病因相对明确、无特效药物，无传染性，根本的解决在预防。一位学生提问："无传染性的提法不全面，如果工作环境是生物因素，就可能有传染性，那么这是否算职业病？SARS流行时，医院医护人员是否算职业暴露？"还有的同学问："办公室电磁暴露是否算职业有害因素？"

下课后我问一位同学："今天的课有意思吗？"同学说："开场白讲得多，好像讲演，比较平淡，无吸引力，视频的时间太长了。"我问他："你理想中的讲课应该是什么样？"他说："应该吸引人，有趣，多讨论。"我说："讨论什么？"同学说："具体的我也说不好，讨论一些大的问题，有思想性的问题，让人受到震动，今天从讨论开胸验肺引出民工生活状况，揭露了个别企业的黑心，政府监管不力，说明职业卫生问题很大，作为医生有很多工作可以去做，首先要有预防的观点，要以人为本。"我心中油然而生一种感动，学生挺有想法啊。

我跟郑老师交流意见，我说第二节课的讨论比较好，老师走下来，叫学生回答问题，这样可以倾听学生的发言，如果学生能主动发言更好，如果让学生到讲台发言则更好，有机会面对大家谈自己的想法本身就是一种锻炼。今天的课给我印象最深的是讨论了我国当前职业卫生存在的问题，特别是职业病的诊断需要劳动合同这件事，而老板不愿意跟民工订合同，从中看到劳资的矛盾根本在于老板要尽量榨取工人的剩余价值，他们可以完全不顾工人的健康。今天的讲课虽然没讲具体的某种职业病的预防治疗，但从大的视角让学生看到职业卫生工作有多么重要多么艰难，我相信，从此而发，学生会考虑很多问题。

二十一、纳米材料与健康

（2011年3月30日，1~2节，讲课老师：郑光，题目：职业卫生与职业健康，学生：临床医学专业08级，1、2班）

老师说："上次讲到职业卫生的工作方法，请大家思考如果你是职业卫生人员，你怎样开展工作？"

学生1说："首先了解工作环境，做什么工作。"

学生2说："改善工作环境。"

老师说："怎样知道工作环境好不好？"

学生1说："了解有什么有毒有害因素，有什么疾病，进行调研。"

学生2说："对环境进行监测，对照标准进行评价，治理，改革工艺。"

学生3说："以粉尘为例，要根据法规、规范进行监测，改进工艺，通风除尘，湿式作业。"

学生4说："个人保护戴口罩，定期体检，健康监护。"

老师说："我们可以总结八个字：革（革新技术）、水（湿式作业）、密（密闭管道）、封（封堵漏气）、管（加强管理）、教（健康教育）、护（健康监护）、查（定期监测）。石棉能引起间皮瘤，应该用替代物；苯的毒性大，用二甲苯替代苯。"

老师用一张幻灯片介绍职业卫生的工作内容，包括现场劳动卫生学调查、健康监护、职业健康检查（上岗前、在岗、离岗时以及应急健康检查）、职业流行病学调查、制订卫生标准和诊断标准、劳动卫生监督（预防性监督和经常性监督）、人员培训与健康教育。

老师问："请考虑洗衣店有什么卫生问题？"

学生说："好像用什么有机溶剂。"

老师问："是四氯化碳，它有什么毒性？嗯，肝毒性。有问题的工艺是什么？很好，干洗用四氯化碳，应该将干洗改成湿洗，不用四氯化碳。怎样吸附四氯化碳不让它污染车间空气？"学生不知道，老师说用活性炭。

老师接着又问："请再考虑医院放射科应该怎样进行放射防护？"

学生你一言我一语地说了以下几个措施，包括：现场的X线辐射监测，个人辐射剂量监测。医务人员个人保护，病人的保护。

老师："很好。再考虑一下：到一个化工厂进行现场监测，怎样选点、怎样采样？工人体检选什么指标？比如有机溶剂或放射性暴露的工人，要考虑对造血功能的损伤，应该进行血细胞检测，看DNA是否受到损伤。……"最后老师说："好啦，现在可以总结一下职业卫生主要研究方法，包括职业流行病学调查、现场环境监测、毒理学和临床学方法。"

下面老师接着讲了职业病的预防以及职业病防治法。

课间休息时我跟学生谈话，一位女同学说这课还行，希望多举例，营养卫生举例多,大家爱听。一个男同学说:"这个课就是普及性的,让大家有一些预防医学的知识概念,没有难懂的,不像生化等学科理论性那么强。"这个学生说的是实话,但实用学科跟基础学科不一样,实用学科离不开生活,解决实际问题哪个都不能缺。从实践方面讲好这堂课也不容易,既要有趣又要有用,还不能"太科普",要有新东西。这不仅需要老师的想象力,还需要学生的想象力。为什么这样说呢?因为上课是师生互动的过程,老师要多提启发性的问题,学生要在课堂上多思考,主动跟老师对话交流。就以上面讲到的职业卫生研究方法中的流行病学调查为例,应该是职业卫生研究方法中的重要内容,对这班学生来说,是一个新的课题,以前没讲过。这次老师只是提了一下,没有深入展开讲解。我估计学生不一定知道职业流行病学到底有什么内容、有什么用处。那么为什么没有一个同学提出问题呢?从老师这方面说,既然讲到流行病学方法,为什么没有把它作为重点讲解或让学生讨论呢?

第二堂课有两个亮点:一是介绍一个纳米材料的案例,另一个是让学生上台作总结。老师首先用20分钟讲纳米材料的卫生问题,题目是《纳米颗粒物的职业风险管理》,什么是纳米颗粒物? 30 nm以下的颗粒称为纳米颗粒。纳米材料用途广泛,前景远大,也带来职业卫生问题,这方面我们还没有清楚认识,需要研究。比如特氟龙这种材料,小鼠暴露于20 nm的特氟龙颗粒全部死亡,暴露120 nm的颗粒没事。为什么?人暴露于纳米颗粒环境可能会引起肺纤维化、肉芽肿、胸腔积液。老师介绍了一个案例:河北省某地一家印刷厂,应用纳米碳酸钙材料喷涂工艺,一共7名女工,接触3~15个月,结果7人先后发病,住进朝阳医院职业病科,2人死亡。检查发现胸腔积液,肺纤维化,肉芽肿,支气管有30 nm纳米颗粒,现场调查发现也证明生产过程中用的是30 nm纳米材料。老师说文章在《欧洲呼吸道杂志》发表,引起轰动,说这是人类首次报告纳米颗粒物对人的危害。老师说,最近见到了文章的作者,说他现在日子很不好过,文章遭到质疑。我希望往下接着讨论这个案例,但不知为什么没讨论,而是转换了话题,讲健康危险度评价以及纳米材料的环境评价去了。

到了9：30，老师提出一个问题，"什么是职业卫生的思路框架？"她让同学到讲台上进行总结。我立刻感到很激动，这是个调动同学积极思考的好方法，也是练习当众表达的好方法。

学生1说："职业卫生讲三级预防，重要的是一级预防，要做好环境监测，健康教育，定期体检，监测不可停。"

这位同学提出一个问题："各方面达标了，但职业病还存在，为什么？怎么办？"老师回答："看原来的标准是否合适，如果不合适就应该修改标准；另外的可能性是要考虑是否有新的因素。这就是职业有害因素的识别，需要调查研究，对工厂限期改进，严重时应该关闭工厂。"

学生2说："职业病与职业相关疾病不同，职业病的诊断很严格，还要求有劳动合同关系，这方面有什么政策？"

学生3说："工作环境必须达标，但是现在很多小工厂生产条件很恶劣。"

学生4说："最重要的是国家的法律法规要贯彻执行，资本家不给农民工签合同是违法行为，政府应该管，要以人为本。"

老师问："你们最大的收获是什么？"

学生4说："对职业卫生有了初步的认识。"

课后我跟郑光老师交换意见，我认为总的来看这堂课进行得挺好，讨论比较多，特别是后面让学生上台总结，学生受到锻炼。当然有的讲得好，有的差一些，都应该给予表扬。上来的人不一定多，应该从不同方面发挥。

郑老师提出一看到有人睡觉就没劲了，不知该怎么讲了。我说："你感觉到了有人睡觉这很好，应该有这种课堂敏感性。学生睡觉、看其他书，说明对你讲的内容不感兴趣，为什么？应该反思。我感觉主要还是引不起兴趣，兴趣就是好奇心，惊奇。如果我们的课不能激发学生的好奇心，老师应该考虑怎样改进教学。比如大班讲课变换为小组活动，老师提出问题，然后分小组讨论，几分钟后，老师再抽几个组的代表报告讨论结果。公共卫生是应用学科，如果多引入生活情境，那么课程会很有兴趣，有变化，这是公共卫生学科的长处，但是如果运用不好，就会落入俗套，重复科普的内容。这是学生最不愿意的。"

第二章 预防医学听课笔记

郑老师上这堂课之前，我们讨论了课程内容和方法，我发现她备课非常认真。我说备课、计划很重要，但上课的时候不能被计划束缚住，要有灵活性，要有临场发挥和处置的能力，这就是教学机智。教学机智是靠老师平时的学习和经验的积累而来的，医学专业的教师不太懂教育学，花时间学习教育学的理论和方法是值得的，也需要学习一些哲学、心理学、人文科学。更重要的是多跟学生交流，了解他们在想什么，有什么困难，帮助他们，关心他们。有些学生就是对这门课不感兴趣，那也没关系，可以等待时机，但是不要被个别的学生的态度影响情绪，还是要坚持，要不断改进。

今天有两个问题值得考虑：一是老师说自己正在研究纳米材料对健康的影响，想在最后用一点时间给大家讲一讲。我一直注意听，但都是在讲纳米材料的知识，没讲自己怎样研究纳米材料对健康的影响。郑老师问："那怎么讲？"我说："就讲你是怎么做的。比如，你可以说，你有一个想法，想研究纳米材料对健康的影响，请同学们考虑应该如何做研究设计。"郑老师说："他们还不会研究设计，我说这正是学习研究设计的时候。可以让他们猜，你在黑板上写，最后你再加以总结。这样的练习有挑战性，能激发学生的兴趣和好奇心。讨论可以大班形式，也可以分小组进行，总之要让大家动起来。"

第二个考虑的问题是，在介绍纳米材料引起肺疾病的案例时，学生很认真听，他们可能会感到惊讶，一家印刷厂，只有七个女工，都因肺病住院，其中两个女工因肺病死亡，纳米材料真有那么厉害吗？这个案例本来可以讨论得深入一些，但介绍完案例就完了，没有达到介绍案例的目的。我认为介绍案例的目的不是仅仅告诉大家一个信息，而是要通过案例探讨问题。老师说最近见到了那篇文章的作者，他说遭到了很多人的质疑。到底什么质疑？我想我们在课堂上介绍案例，就是引进一个情境，让学生犹如身临其境，参与讨论，或探讨原因，或探讨对策，如此活动，让学生开启心智，增加经验。我想，这个案例最有价值的地方，是给学生留有思考的空间，也可能就是很多人质疑的地方。可以让学生讨论这篇文章有哪些优点和缺点？在研究设计上存在什么问题？女工的职业暴露与死亡是否存在因果关系？应该用什么研究方法确证纳米材料对健康造成的损害？这篇文章的价值是什么？你考虑需要怎样进行进一步的研究？

我想我们给学生讲课不应该单纯介绍信息或者零碎的材料，还应该从此出发，归结到一个大的思维框架，让学生学会思考。本案例的讨论至少应该归结到：我们做科学研究的基本思想是什么？仅从病因研究来说，最重要的原则是对照、随机、足够大的样本量这样三个原则。在方法的选择方面，应该用前瞻性的流行病学方法、临床研究方法和动物实验的方法相结合，最终的结论应该以流行病学方法为依据。这篇文章无论在原则上还是在方法学上都不能满足要求，我想这也许就是作者感到压力的根本原因。对于大学三年级的学生来说，这样讨论一个案例，他们可能会感兴趣，因为对他们来说，这些东西是新鲜的，是来自实际的，是需要动脑筋思考的。

第三章 流行病学听课笔记

一、一门新课程——如何讲绪论

(2010年5月4日,1~2节,讲课老师:王敏,
题目:绪论、分布,学生:临床医学专业07级,2~5班)

今天是流行病学第一次课,由流行病学系的王敏老师讲绪论。首先介绍美国20世纪的十大公共卫生成就,然后开始讲流行病学的定义,词典是怎么说的,教科书是怎么说的,并对定义进行了逐字逐句的"诠释":什么是疾病、伤害、健康状况的分布,分析影响因素,找出原因和控制方法。揭示疾病、伤害、健康状况的现象要用分布研究,三间分布,描述性研究;找出原因要用分析性研究;提供措施要用实验研究。流行病学方法即分为描述性、分析性和实验性三大类。王敏老师用一张大表列出了流行病学方法分类,并且说:"讲也白讲,等这门课完了再回来吧。到毕业设计或社会实践的时候,你们还得请流行病学老师把关。"老师用20分钟来讲流行病学定义和研究方法的分类,最后说了这么一句,让人感到很奇怪,我就想,既然明明知道讲也白讲,那就应该换个讲法,让大家明白。实际上老师对流行病学概念的讲解还是挺清楚的,问题是讲课不能从概念出发,应该从实际的案例出发,最后让学生总结出概念,这样才容易理解、印象深刻。

讲到流行病学的目的,老师列举了心脏病、糖尿病、肿瘤、慢性呼吸系疾病以及遗传性疾病的致病因素的调研,需要用到流行病学方法,研究疾病自然史,评价预防措施效果、卫生服务模式也需要流行病学。谈到筛查,比如肿瘤筛查,老师问是否需要进行筛查?有的同

学说是，有的说否，老师说不是所有筛查都有用，筛查有一定的条件和目的，要考虑是否必须，考虑经济负担、考虑效果，例如某些肿瘤筛查耗费人力物力，治疗又没有好办法，所以不主张筛查。

王敏老师接下来介绍了流行病学不仅可以在公共卫生政策、立法等方面（例如在公共场所禁烟），提供理论基础，而且在临床诊断方面也可以提供依据。例如临床上使用的很多正常参考值就是用流行病学方法通过调查大量的人群得出来的。

观察疾病的人群现象最重要的指标、核心概念就是率、比。什么是发病率？发病率就是某时期新发病人数与可能发病的人数之比。统计子宫瘤的发病率时分母不应包括男性。新发病人数就不应该包括上一年留下来的病人数。什么是患病率？患病率就是现存的病人数与可能发病的人数之比。现存的病人数等于新发病的和上一年留下来的病人数之和。计算死亡率、某病死亡专率、病死率也要注意分子分母的关系。

今天讲课将近结束的时候，老师举了一个没搞清什么是死亡率的例子：2008年1月4日科学时报登了一条消息，说世界权威医学杂志《柳叶刀》刊登了××院长关于禽流感病毒感染重大发现的文章，引起世界各大媒体关注，全世界目前有328例禽流感患者，死亡200例，死亡率60%。这是一个不应该犯的概念性的错误，把病死率当成了死亡率，让人很惊讶。如果让学生讨论错在什么地方，大家的理解会更清楚，但老师只是自己解释，没让学生讨论错在什么地方，恰恰应该强调的地方没强调。老师说没时间了怕讲不完，既然如此，则应该少讲枯燥的概念，多讲实例，多讨论，让学生自己归纳出概念。

绪论课是讲这门学科的一般概念、发展史、用途。定义可以讲，但不要讲得太多，应该多举实例，从例子中归纳出概念定义，要有重点，但不一定全面。面面俱到似乎讲得滴水不漏，但往往最重要的内容不突出。定义可以让学生自己看，老师从实例中引导学生讨论这门课是干什么的、有什么用、怎样应用。别的学科讲课也有这些问题，这是共同性的问题，讨论问题不是从事实出发而是从定义出发。我与王敏老师谈不必过多讲定义，她说怕学生不明白。其实完全不用担心。

培根早在300年前就说过，对自然的任何一种真实性解释只有靠恰当的适用的实例和实验才能做到（《新工具》，无间断归纳法）。杜威的思维五步则具体说教学方法：设置情境——提出问题——搜集资料——论证、结论——检验。看来专业老师除了钻研业务，还应该多读些人文，多学点认识论，让思想开阔，想象力丰富。

课间我问一位叫凌欣的女同学听完这节课的感受，她说老师讲得很清楚明白，学临床的学生也应该有公共卫生的思路。王莹同学一直都在用电脑记笔记，她也说老师讲得很好，思路清晰。她旁边一位女生说有时候看杂志上面有很多统计学的术语，不明白，学点预防医学的知识很有用，不明白的明白了，还问为什么老师说她们将来写研究设计要由流行病学老师把关？我说："这可能是在强调流行病学在研究设计中的重要性吧，如果在调查资料收集完了再来问如何分析资料，那时就晚了。"

二、学习案例要比记住定义有趣

（2010年5月7日，3~4节，讲课老师：张玲，
题目：描述研究，学生：临床医学专业07级，2~5班）

老师走下讲台，让同学回忆流行病学方法分几类。同学说有观察法、实验法和理论研究，观察法包括描述研究、病例-对照研究和队列研究。老师回到讲台，在屏幕上打出了一段很长的文字，是描述性研究的定义，并且逐句讲解，很认真。描述性研究包括现况调查、筛查、生态研究、历史研究以及爆发调查、病例分析、个案调查等。然后又讲现况调查的定义、普查的定义、抽样调查的定义和它们的适用范围。第二节课讲抽样的方法：单纯抽样、系统抽样、整群抽样、分层抽样、多级抽样，样本量估计的方法以及调查问卷的设计。最后老师介绍研究实例：我国三次高血压调查。那是1959年、1980年和1991年的三次全国性的调查，结果显示平均高血压患病率分别为5.1%、7.7%、

12.5％，说明高血压患病率有逐年增高的趋势。除了全国总的情况，还要进行地区分布、人群分布的分析，比如不同年龄性别、不同民族、不同职业患病情况的分析。老师最后问大家："这样介绍以后你们心里有数了？"学生似乎不知如何回答，没有什么反应。

课后我问坐在我旁边的一位某研究所的旁听生对这堂课的看法，他说："来的人本来就不多，还有一半人在看解剖学，这两堂课都是讲概念讲定义。"

他说的跟我的想法一样，都是在讲概念讲定义，最后举了一个例子，是我国三次高血压调查，本来应该结合讲课的内容让大家讨论怎样进行研究设计，但是老师讲的是调查结果。其实重要的是思路，例如课题如何设计，如何着手调查，这样的过程应该比结果重要。我想，这些定义完全可以让学生自学，对他们来说不存在任何困难，并且这些概念都可以在案例讨论中解决。就以高血压调查为例，可以让学生自己进行调查提纲的设计，先是个人写自己的，然后分组讨论，有问题可以查书或上网。在学生写设计或讨论的时候，老师可以围绕这堂课的目的和要求，提出很多启发性的问题，例如：

1. 如果你作为研究者，你应该如何着手工作？
2. 你的调查目的是什么？
3. 对于我国高血压患病情况你了解多少？
4. 在这次调查中你想解决什么问题？如何解决？采用何种类型的研究设计？
5. 为什么要用现况调查而不用病例-对照或队列研究？是用普查方法还是用抽样方法？为什么？
6. 如果用抽样调查方法，需要用多少样本量？如何确定样本量？
7. 如何确定研究地区和研究人群？如何选择研究对象？标准是什么？
8. 你的研究指标是什么？
9. 你的调查员是谁？怎样培训调查员？
10. 是否考虑质量控制？如何控制？
11. 调查何时进行？

12. 你的调查问卷都包括哪些内容？是否考虑生活习惯（如吸烟、饮酒、高盐高脂肪等饮食因素）？

13. 你准备如何处理调查数据？分析哪些内容？

14. 参加调查研究的人员、进度、经济预算，最后还要考虑如何进行预调查？

15. 这项研究设计的科学性和可行性如何？

16. 怎样从案例中进行批判性的学习？你可以回过头来分析文献给出的案例，进行比较，找出文献中的设计和你的设计的优缺点。

我想围绕一个高血压的案例，让学生从实践中、从比较中、从讨论中学习理论和方法，要比枯燥地讲概念有趣生动，让人印象深刻。

课后我与张玲老师交谈了十多分钟。我说讲课很清楚流畅，特别是一开始走下讲台，到学生中间讨论问题非常好，如能坚持这样做，效果一定会很好。今天上课的不足之处是两堂课都在讲定义概念，值得考虑。我说了那位旁听生的看法。张老师问："是不是讲的东西太简单了，学生不爱听？或是根本不重视？可以问问学生的反映。"我说："应该调查一下，这是个好办法。"接着我说："不论什么原因，事实是我们的讲课不如解剖学课本的吸引力大，如果我们的讲课吸引力大，学生就不看解剖学啦，所以我们应该改进我们的教学，吸引学生参加进来。多介绍一些流行病学案例，让学生自己动手操作和讨论是解决之道，因为案例具有生动性灵活性，从案例中学习要比记忆定义有趣、有用。"

三、证实与证伪

（2010年5月11日，1~2节，讲课老师：张玲，
题目：病例-对照研究，学生：临床医学专业07级，2~5班）

今天上课才来23个学生，教室空荡荡的。听课的学生也有很多人看解剖学，学生说快考试啦，没办法呀。预防医学课18号考试，我问

王莹复习了吗,她说还没有。

今天讲病例-对照研究方法,病例-对照研究是分析流行病学研究方法中最基本、最重要的研究类型之一,是验证病因假说的重要工具,是一种由果到因的回顾性研究方法。病例-对照研究的历史可以回顾到19世纪中叶。我把张老师的PPT上的历史材料照抄如下。

◇ 1843年Guy向统计学会报告——最早的病例-对照研究,分析职业暴露与肺结核发生的关系

◇ 1844年Louis的著作最早出现病例-对照研究的概念

◇ 1926年Lane Claypon报告生殖因素与乳腺癌关系的研究

◇ 1947年Schreck和Lenowitz包皮环切和性卫生与阴茎癌的关系

◇ 1947年Hartwell输血与肝炎关系的研究

◇ 1950年Doll和Hill吸烟与肺癌的研究:英国学者Doll和Hill于1948年开始进行吸烟与肺癌的病例-对照研究,为病例-对照研究的典范,同时也标志着人类对慢性非传染性疾病病因研究的全面展开。

20世纪60年代以来的研究:

● 孕妇服用反应停(thalidomide)与婴儿短肢畸形

● 乙型肝炎病毒感染与原发性肝癌

● 早产儿吸入高浓度氧与晶体后纤维组织增生症

● 经期使用月经棉与中毒性休克综合征

● 小剂量电离辐射与白血病

● 口服避孕药与心肌梗死

这些历史的记录每一个如果深入介绍都是很精彩的,可以从中学到很多东西。老师在此只是摆出了一个历史的线索,没有计划去分析其中的某个案例,老师还要讲很多概念和方法以及注意事项,没有时间去关注这些历史的细节。今天讲课的内容是:①病例-对照研究方法的概述,包括定义、特点、分类(用25分钟);②设计和实施,包括提出研究假设、选择研究类型、选择病例和对照,如何计算样本量(40分钟);③资料的整理和分析,包括均衡性分析、比值比的计算、分层分析等(30分钟,没讲完,留待下次讲)。老师以口服避孕药与心肌梗死的病例-对照研究为例,讲解如何用分层分析的方法控制混杂因

素、探索研究因素与疾病的关系，在这个案例中年龄与口服避孕有关，年龄与心肌梗死也有关（小年龄有保护作用），所以年龄具有混杂因素的条件，可能为混杂因素。把人群按年龄分成高低两组，再看每组的研究因素（口服避孕药）与心肌梗死的关系，这样就把年龄因素控制了。这是本节课的主要内容，当然老师还讲了很多很多其他与病例-对照研究方法有关系的东西，虽然都很重要，但讲得太多，学生就容易产生疲劳、大脑皮质抑制。所以有时候老师讲得津津有味，学生却在看别的书或者干脆睡觉。一件精美的艺术品、一首美妙的音乐、一出引人入胜的戏剧都不是自始至终充满高潮，如果真是那样，一定会让人生厌，产生审美疲劳。艺术作品必须有节奏感，节奏是艺术的骨架，一幅优美的图画必定是讲究节奏变化，讲究矛盾对比的处理，诸如虚实、强弱、疏密、黑白、浓淡、大小、多少、远近等。老师应该像艺术家那样，呈献给学生的是重点突出、有节奏、有"留白"的课堂。有"留白"很重要，一幅山水画如果都是满纸浓墨重彩，那就没有味道，必须有浓淡变化，有"留白"，"留白"就是"气口"，没有"留白"让人喘不过气。课堂要"留白"就是要给学生留出思考的时间，老师不要独占课堂的时间，应该做到师生交流互动，一起讨论问题。

在讲课中如何应用历史案例资料很值得一提。大多情况是老师给出一个大致的线索，也有的老师引用案例资料是为了介绍某个具体的方法，这两种情况今天都有了。我想补充的是，选择一个完整的案例，让学生好好地研究一下，从设计的思路、资料的分析，到如何下结论。这样的学习过程可以激发学生的好奇心、想象力，从讨论中可以提出好些问题，弄明白一些必须的概念、理论和方法。这样的学习虽不如做实际的研究，但也有亲临其境的感觉。这样的案例积累多了，学生就会对整个学科融会贯通，对公共卫生工作或研究有一个比较完整的思路，如果遇到实际问题就会提出具体的对策建议。我们为什么强调从案例出发，就是这个道理。

今天张玲老师讲病例-对照研究，跟以往一样，概念比较清楚，讲课也比较流畅放松。能做到放松，说明老师心里有底，对要讲的内容理解得清楚。我问3个同学的感受，都说条理清楚明白，我问是否有问题？都说没问题。我说，我问一个问题：什么是配比过度？王莹回答配比过度就是配比的因素越多样本量需要越多。我问还有什么，她说不出。我说，老师讲了但是没强调，就是研究的因素一旦配比了，在分析结果的时候就不再出现了。例如，研究吸烟与肺癌的关系，如果你把吸烟这个因素给配比了，就是在研究组和对照组你都选吸烟人，那么分析结果的时候吸烟就不会出现了。本来要研究的是吸烟，结果自己把吸烟这个因素给控制掉了。第二个问题，为什么可以用 OR 估计 RR？学生说不清楚。这里有一个推导过程，老师特意强调 RR 是相对危险度，但是没说明两者的关系，所以还是不明白为什么可以用 OR 估计 RR。另外，OR 和 RR 是英文的缩写，应该给出原文。第三个问题，OR 值的 95％ 可信区间不应包括 1，是什么意思？这里有一个逻辑问题。科学上为了证明一个理论，常采用归纳法，就是从大量的事件中总结提炼出有共同性的东西，上升到理论，归纳法属于经验的证明，但是经验的东西也不是永远可靠。罗素不是举过一个例子么，说养鸡人天天给小鸡喂食，小鸡养成了习惯，每到喂食的时候就伸着脖子等着喂食，但是有一天，鸡长大了，养鸡人来了，鸡伸出脖子准备吃食，养鸡人却用刀把它杀了。小鸡犯了一个经验主义的错误。应该说，经验证明正确的事件越多越接近真理，但是万一出现例外，出现了小鸡的故事，就把你的经验证明推翻了。所以经验证明不是百分之百可靠，实际上人们追求的是高的或然率。就像一位著名的科学家说的，他总是提心吊胆怕有一天会出现差错，所幸让他感到欣慰的是，还没有人提出一个例外质疑。这就是证实的问题，统计学要求实验或调查研究的样本量要足够大，就是为了尽量使或然率高，使说错话的机会尽量减少。所以证实要求大量的样本量，而证伪的方法是举出一个否定的例子就可以否定全部结论。如同说天鹅都是白的，举出一只黑天鹅就否定了前者。我们讲课中到处存在着哲学问题，如果让学生学会从具体的专业的视角扩大到哲学的视角考虑问题，他们的思维就会受到更好的训练。

　　我跟张玲谈了上述问题，她说没考虑过。我还建议她先讲例子后讲概念，这样更符合认识的规律，她说下次讲课改进。

四、过程重于结论

（2010年5月14日，3～4节，讲课老师：张玲，
题目：队列研究，学生：临床医学专业07级，2～5班）

老师接着上次讲病例-对照研究中的一种特殊的研究方法——配对研究，介绍一个研究实例：母亲孕早期使用己烯雌酚与女性阴道腺癌的病例-对照研究。

研究背景：美国波士顿Vincent纪念医院妇产科医师Herbst注意到该院于1966—1969年间共诊断了7例15～22岁年轻女性阴道腺癌病例。这是一种罕见的女性生殖系统癌症，且一般多发生在50岁以上妇女中。Herbst想从7例病人探索可能的病因线索。

研究方法：用配对研究设计，病例组——包括7例病例加上另一所医院的1例病人，共收集8例病例。对照组——每个病例配4个未患阴道腺癌的病人作为对照，对照为出生时与病例在同等级病房中，出生时间前后不超过5天，当然都是女性。

对病例、对照及她们的母亲进行调查。主要研究结果：在比较的诸多因素中，多数在两组间无统计学差异，但是有3个因素表现出组间差异：母亲怀孕期间使用过己烯雌酚激素治疗、母亲以前的流产史和此次怀孕时的阴道出血史。三者的关系：因为有后两者才使用己烯雌酚治疗。结论：母亲在妊娠早期服用己烯雌酚使她们在子宫中的女儿以后发生阴道腺癌的危险性增加。

老师介绍这个案例仅用了5分钟，讲完没让大家讨论，也没问大家是否有问题，随即进入今天的主题——队列研究。我想这样安排显得过于匆忙，这个案例很值得让大家讨论。这个案例会给学生留下什么印象？可能学生会以为很少的病例就可以做配对研究，如果有这样的印象那就错啦。因为这个案例并不是配对研究方法的典型，而是一个特例。从教学来讲最好用典型案例。

我想，讨论这个研究案例，至少可以提出如下的问题：

1. 学生听了能从中学习到什么？
2. 在研究设计上是否存在问题？
3. 这个案例的病人的数量太少，只有 8 例，对照的选择按 1：4 的比例，共选 32 人，这是按经验还是通过计算确定的数量？
4. 如果按经验，那是否能满足计算公式或查表的方法要求？如果不能满足，也照样可以进行，那么计算公式还有什么意义？

这个案例本身是一篇研究报告，单从研究结果看，从那么少的样本量就能得出预期的结果，也许真是很不错的研究报告，但是也有运气的成分。为什么？因为阴道腺癌是罕见病，如果按照公式计算，可能需要调查很多人，但本案例只调查病例 8 人，对照 32 人。在回答是否用过己烯雌酚的问题上病例组 8 人中只有 1 人没用过，而在对照组 32 人全都没用过。按公式计算比值比，差异有高度显著性。但假如调查结果不是那样，差别不明显，你会说这是因为例数太少，机会所致，应该增加样本量，这时你仍然要回过头来思考多大的样本量才有可能得出差别有显著性的结论。这就是本案例在设计上的一个缺点。讲课中只是给出简单的结论，没有介绍本案例的统计分析的方法，例如 χ^2 和 OR 值的计算。我想了解得更详细一些，于是课后我上网浏览这方面的资料，我发现网上关于病例-对照的课件很多，详略不等，大同小异，原来大体上都是从教科书上抄来抄去的。我就想，为什么我们不能弄一点自己的东西，有特色的，跟别人不一样的，让别人刮目相看？其实这样做并不难，最简单的办法是讲自己的经验，自己的案例，这是你自己的专利，别人谁也抄不去的。还有一个办法是引用第一手资料，把原文拿来给学生去分析，这不就是循证医学讲的要追根究底吗？这也可以说是有特色，与众不同，这也是想象力吧。

接下来老师开始讲今天的新课——队列研究，还是先讲概念、注意事项，最后举了一个二硫化碳的例子，还是仅仅介绍案例，没有讨论。我把老师的 PPT 抄录如下：

二硫化碳长期低剂量的暴露与冠心病的关系研究实例：

1. 确定研究因素：长期低剂量的 CS_2 暴露。定义：在有 CS_2 暴露但不致引起急性中毒的车间工作>5年。

2. 确定研究结局：心肌梗死、血压变化、心电图的改变、心绞痛发作。

3. 确定研究现场和人群：暴露组：1942—1967年某粘纤厂25～64岁，343名男性工人，有5年以上CS_2暴露史。对照组：年龄与暴露组差别在±3岁、出生地区相同、工种的体力消耗相当、在同一城市的造纸厂，随机选择的343名男性工人。

4. 资料收集：查阅档案记录（用药情况、既往车间CS_2的浓度等）、询问（姓名、性别、年龄、工种及工作年限、吸烟、业余时间的体力活动情况）、实验室检查（血糖、血脂、血清胆固醇水平、血压、心电图、心脏大小、体重及车间CS_2浓度的动态变化）。

5. 资料分析：CS_2在不同临床类型冠心病的发生中作用程度不同。

6. 结论：长期低剂量CS_2暴露与冠心病发病和死亡存在因果关系，CS_2所致的冠心病，以致死性心肌梗死为主。措施：芬兰当局已于1972年把CS_2的车间最高容许浓度从20ppm降至10ppm。

我们介绍案例的目的是什么？仅仅是为了印证前面所讲的方法步骤吗？我想不应该如此而已。与其如此，不如让学生自己去看书。讲案例应该引发讨论，或者先让学生写一个设计提纲，再看案例，与之对比，这样才有收获。每当我提出这样的建议，老师都会说没有时间做，需要讲的太多。我说那就少讲，老师说那也不行，到考试的时候，考到了，老师没讲到，学生会埋怨你。甚至有的说，将来医师资格考试，如果考到了，你没讲也不好。看来真的是无路可走啊。

课间和课后我问旁边的同学是否有问题，她一连提出了好几个问题：①老师举例只讲结论，没讲研究过程，我们仍然不知道研究是怎样进行的；②二硫化碳影响蛋白代谢进而影响心肌坏死，生物化学已经证明了，还有必要人群证明吗？③配对研究为什么$OR=b/c$? 不明白；④最初是怎么想到这些研究方法的？另一个同学问了两个问题：①老师讲到病例-对照研究注意事项时说要选交通方便的地方，那样不会产生选择偏性吗？②动物实验证明了的，人群还有必要吗？下课回来的路上，几位同学还跟我讨论流行病学与制订卫生防疫政策和策略的关系，说明学临床医学的学生对预防医学还是有兴趣的。

今天学生提的问题非常好，都是思维方法的问题，可以说是课程的关键。学生问最初是谁、怎么会想到这个方法，这不就是要讲思路吗？我们总说要教给学生思路，但实际上到了具体问题，就不是那么回事啦。其原因是老师对这个问题没重视，又懒得去深究；还可能是老师根本没意识到要教思路。学生说过程比结论重要，应该先讲实例后讲概念，多讲过程、方法，少讲结论。这不仅仅是个讲课的方法问题，还是思维方法的问题。我也跟老师交谈过，但是改变不大，为什么？我想还是理论意识不够，缺少点哲学思考，缺少点想象力。

看一堂课好不好，就要看有没有思想高度，虽然我们讲的是科学技术知识，但是这里边有哲学，具体的知识可能会更新会纠正，如果能从讲科技知识中讲出正确的思维方法，那么学生会终生受益。这就要求老师多学习一些哲学、人文知识，思路要宽，要有想象力。其实想象力的基础是见多识广，知识点相互联系，视角不断转换。如何让学生产生好奇心，多提问题，需要教师的想象力，需要教师回到学生的立场，多想想他们是怎么想的，他们有什么问题。也许设身处地思考也是一种想象力。

五、幽默是调味剂

（2010年5月18日，1~2节，讲课老师：王力，
题目：流行病学实习一，分布，两个案例，
学生：临床医学专业07级，2~5班）

今天是实习课，实际上跟上大课差不多，老师在台上讲，提问，学生回答老师的问题。今天的实习课开始，老师让学生用10分钟看实习1，是关于"分布——疾病的人群分布"的问题。学生看书的时候，老师在黑板上写：一、目的与要求；二、内容：1.甲肝的暴发流行，2.察布查尔病的病因研究。字写得很规矩漂亮，写完就坐回到讲桌后面的椅子上。8：17，老师问："看完了吗？抓紧时间看啊。"随后又在

第三章　流行病学听课笔记

黑板上写：复习：1. 流行病学的特点。2. 疾病的三间分布。3分钟后又问："看完了吗？好了么？现在复习理论知识。流行病学定义，大家回顾一下，'分布'这个概念在流行病学的地位怎么样？哪位说一下定义？"没人回答，老师叫："二班1号。"二班1号站起来念书，老师："好，坐下。流行病学特点讲过了吗？好，我讲，6个特点，是以分布为起点的……"又问："什么是三间分布？二班2号。"二班2号起立念书，"二班3号，你有补充吗？"二班4号找书，二班5号没找到，二班6号找到了，照书上的念，"什么是时间分布？二班7号，""什么是人群分布？二班8号，"同样是起立找书念书坐下。老师："下面看调查表的设计，分几个部分，前言、目的、主体方面……1988年上海甲肝流行，看三间分布，地区分布、时间分布都有什么特点？书上都有，总结一下，二班9号，"……"毛蚶关系，潜伏期，二班10号，""20～29岁，都吃过毛蚶。"老师总结："我们讨论这次甲肝流行的经过，分析原因、传播途径、年龄分布的特点，最后追溯到源头，从书上资料，可归纳出什么？首先区分一下是什么系统的病，呼吸道疾病还是消化道疾病？二班11号，""是消化道病，根据饮水和食物调查，毛蚶很可疑，""根据暴露的情况，锁定目标，提出病因假设，进行调查。如果能找出毛蚶中的病毒，更直接证明病因。进一步深入调查毛蚶是从哪里来的？二班12号。"学生念书。老师："好，请坐。来自启东的运输毛蚶的船，受粪便污染。还有疾病流行有三个高峰，与毛蚶供应量有关系，可以推算潜伏期，流行高峰在12月20日到1月20日。这就是1988年上海的甲肝流行，怎么处理很重要，思考一下，上网查查。"

这两节课老师带着学生做书后的练习题，一道题一道题地挨着做，老师问，学生答，多数都是临时查书，照书念。上课到最后，老师讲察布查尔病的病因时终于有学生提问啦，那是王莹同学，她问："研究病因时为什么不考虑基因易感性？"老师解释："应该是先简单后复杂，一步一步地做。"其实，当时还没有基因易感性的概念。老师的回答是对的，但也可以先让学生回答，这样就讨论起来了。学生又问："是先想一个病因或是多个原因？"老师说："先考虑多个病因，一个一个排除。"在这个关节上，正是老师发挥的地方，可以讲公共卫生的思维方法，也可以让同学讨论。老师不习惯这样做，以为老师就应该有问必答，如果答不上来就很丢面子，所以很怕学生提问。我曾经跟王力讲过，老师不是万能的，不会回答也没关系，可以让学生讨论，重要的是大家讨论，不要只听老师一个人讲。

老师讲到察布查尔病的病因是吴朝仁和连志浩教授发现的，是肉毒毒素中毒时，坐在我前排的一位同学的电脑里就出现连志浩教授的相片，当时我感到很惊喜，我意识到学生上课时看电脑不都是干别的，而是与上课同步学习呢。上次课我就看到王莹在用电脑记笔记。

课后我跟王力交谈，我说："今天讨论课来的人比较多，注意力也比较集中，说明学生对讨论实际课题或案例比较重视或感兴趣，这给我们一个提示，大课也可以这样上，应该采取讨论式。"他说："今天是提问后点名回答，所以大家精神比较集中。"我说："如果做到不点名而大家踊跃发言就好了，但做到这样很难。叫号提问让人感到不亲切不自在，一点幽默感也没有。幽默是调味剂，课堂需要一点幽默感。"

讨论课开始，老师还是强调流行病学定义，说考试时概念很重要。我在想，可否不再强调，或换个方式，讨论完案例再让同学归纳出概念、定义？第一节课复习概念定义用了30多分钟，讨论上海甲肝流行的案例只用了15分钟，很明显，讨论案例时间太短，讨论不深入。如果一上来不用那么多时间复习定义，而是讨论案例，自然会探讨很多问题。现在这样光是照书念引不起兴趣。另外，大班（今天来了55人）一起讨论、回答问题，不如分成几个小组，让学生亲自动手动口，收获要大得多。

这两节课老师都是坐在讲桌后面，不断点名提问，学生有点儿紧张，只顾在书上找答案，不知道是否真有机会思考问题。上讨论课老师最好能走下讲台，到同学中间倾听观察，问一问有没有问题，一起讨论，让学生充分发表自己的看法，如果同学之间能开展辩论就更好了，这样有利于锻炼他们的思辨能力。

六、诊断的真实性

(2010年5月21日,3~4节,讲课老师:朱华,
题目:诊断试验和筛检试验,学生:临床医学专业07级,2~5班)

今天来了81人,比往常人多,可能因为解剖学考试完了,大家心情比较放松,上课前教室里热热闹闹的。今天讲的主要内容是如何考虑诊断的真实性可靠性——测量值与金标准比较的四格表法。临床诊断、预防医学筛查、医学科研中采用的某项标准,都离不开真阳性、假阳性、真阴性和假阴性,以及效度、信度等概念。这些概念对医学生来说,是既熟悉又陌生,甚至对于临床大夫来说也是。说熟悉是因为耳熟能详,经常碰到,说陌生是因为这些概念不太容易理解,常常混淆。

今天我很高兴看到,老师一上来就提出一连串问题:你给健康人做定期体格检查,检验结果可靠吗?你的检测方法可靠吗?如何简单、廉价、快速区分病人与可疑但是实际上无病的人?在预防医学领域,经常会遇到是否需要筛查的问题,比如乳腺癌的筛查。

这些问题学生似乎不知道如何回答。于是老师开始讲解。筛查是有条件的,首先必须是筛查出来的病能治,第二是比较多发的病。筛查的正确性跟筛查的方法有密切关系,通常考察筛查方法或诊断方法好不好,需要考虑几个指标,即真阳性、假阳性、灵敏度、特异度等。如果用一个坐标上的两条曲线来表示,左侧一条代表正常的人,右侧一条代表有病的人,最理想的是这两条曲线能分开,也就是说诊断方法很灵敏又很特异,既没有误诊(假阳性)也没有漏诊(假阴性)。但实际情况做不到这么理想,因此只能用折中的办法,把诊断标准选在B点,假阳性假阴性都照顾到。在实际的诊断标准制订工作中,例如血压的正常参考值的确定、儿童血铅正常参考值的确定,都要考虑假阳性假阴性,即诊断标准的灵敏性和特异性的问题。诊断标准是否可靠,

要做出可靠性评价，主要看精确度（重复性、信度）和真实性（准确度、效度）。这里又引进金标准的概念。所谓真实性也是相对的，新的方法好不好最好跟公认的方法——金标准比较。影响试验可靠性的因素包括生物学变异，方法变异，观察者变异等因素。后面接着老师讲了几个推导出来的评价指标，不难理解，可以不讲。老师告诉同学不要求背公式，但思想方法要学会。这话有道理，也透出老师思想的灵活性。

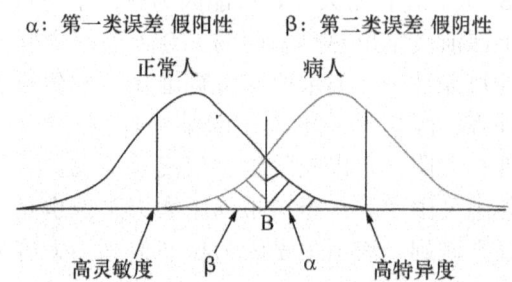

课后我问王灵同学的感觉，她说今天的课有内容，爱听，以前有些课没内容，太科普。原来不知道确定诊断标准还有那么多讲究和要求，现在知道了，但是还没有真正做，体会不深。今天还解决了以前不懂的问题，例如 ROC 曲线，以前在经济学也讲，似懂非懂，今天听了就更明白。ROC 曲线即灵敏度加上特异度的综合评价方法。ROC 曲线（receive operator characteristic cure 或 relative operating characteristic cure）可以通过计算 ROC 曲线下的面积，来比较几种诊断或筛检试验的真实性。从学生的谈话中，我感觉到有两件事对老师考虑教学有用，一是讲课内容要有深度，不能太科普；二是学习与经验有密切关系，以前学过的东西不理解，这次听课又遇到那个问题，她注意听就明白了，她的内心有一种学习的愿望，这是很重要的。她还说没有动手做，体会不深。杜威总是强调学习就是生活、就是经验、就是生长，教学必须从经验出发。我听课、跟老师同学交流，我总是建议少讲、多讨论和多动手、从案例出发，总的思想就是从经验出发，案例就是经验，讨论就是老师与同学一起研究自己的或他人的经验，从经验中学习。

　　杜威论述经验教学有两个原则：经验的连续性和经验的交互作用。人从小到大整个的成长过程就是不断学习的过程，不断增长经验的过程，这些经验的获得有主动的有被动的，有环境赋予的、有内心思考的，这些只是从个人经验考虑。但一个人的经验的形成是与别人、与社会、与历史是分不开的，所以一个人的经验又是整个人类经验的反映。过去的经验对今天的生存和发展有用，今天的经验对将来的发展有用，所以要学习人类的有用的经验，学习自己的有用的经验。学习的最好的捷径不是靠老师讲解书本上的教条并把这些教条背下来，而是把最典型的经验、事件搞得很清楚，最好是亲自动手去做，从这些经验中学习探索事物发展的规律和方法，如果学生从经验的学习中受到启发，引起好奇心，增强了创造力，唤起了愿望和意图，那将来如果遇到困难，也会想办法为了理想和创造去克服困难，每一个经验都是一种推动力。以上这些思想就是杜威所说的经验的连续性。经验的交互作用是说社会经验、历史经验与个人经验的相互影响、自己先前的经验对现在和将来的经验都有相互的影响。所以杜威强调经验生长的连续性应该是教师的座右铭。杜威还说老师应该是有经验的成人，他们应该知道学生成长的方向，什么经验对学生的成长有益，应该怎样指导学生发展他们的经验。（杜威．杜威教育名篇：经验与教育．赵祥麟，王承绪，编译．北京：教育科学出版社，2006：245-270.）

　　我从同学对教学的反映中想到杜威关于经验教学的理念，虽然杜威针对的是基础教育，但他的基本原理也适用于大学的教学。现在的课本越编越厚，讲课的内容也是越来越多，当然知识是宝贵的，老师用心良苦，目的是让学生多学一些东西。但书本上的，PPT上的，只是符号而已，讲得越多越容易混淆，不如弄些案例让学生讨论或模拟去做，从而获得亲身体验。这需要老师付出更多的思考和时间准备材料和组织指导，但更需要的是老师的教学理念的改变和发挥教学想象力。

七、对学生的问题要敏感

(2010年5月25日，1~2节，讲课老师：王力，
题目：流行病学实习，病例-对照、偏倚，
学生：临床医学专业07级，2~5班）

上课之前老师在黑板上写今天的讲课内容。写完，上课，老师问："预习了吗？"学生说："没有。"老师说："先看书，10分钟后讨论。"8：16分老师开始提问："流行病学方法分几类？病例-对照研究的定义是什么？"老师依然是点学号提问，没有一人能完整地回答，大多是照书念，有的也未念中正确的答案，问了多位同学都答不完全。我看原因有二，一是学生不重视公共卫生课，他们不知道流行病学是一门工具课、方法课，对他们将来的研究工作是不可缺少的，又加上前一段时间考解剖学，学生宁愿先去背书应付考试，也不想花点时间复习上次讲的流行病学病例-对照研究方法；二是老师虽然强调记住定义和概念，但讲解和案例讨论都未能让学生理解或留下较深印象。这提示学生应该改变学习方法，老师也应该改变教学方法。

下一步是讨论人格偏倚问题，是心理研究。老师让学生计算书上的例子（人格偏倚的危险因素），强调先弄清楚四格表a b c d的含意，调查结果的数字在四格表中的位置。我到后排看了一下，个别人在算，多数人在干别的，王灵说她在考虑计算方法，王莹说知道方法了就不用算了。有一位同学拉住我问："为什么可以用OR值估计RR值。"我说："你提的这个问题很好，应该跟老师提出来，大家一起讨论。"在学生做作业的时候，老师最好下来走一走，看一看，才能知道学生在干什么想什么，才能发现问题解决问题，跟学生一块儿学习。

在黑板上演算的两位同学四格表都列错了。王灵的四格表也错了，把暴露放在左边，病例、对照放在右边。她问："为什么这样不对？"我说，统计表的左边第一列是一句话的主语，右边的是谓语、表语，病例-对照研究是从病例出发探讨暴露情况，左边应该是病例，右边是

暴露，这样才是一句通顺的话，即"病例中有多少暴露、多少非暴露，对照中有多少暴露多少非暴露"，如果把暴露放在左边，则成为"在暴露中有多少病例多少对照"，这样就把逻辑关系搞错了。王灵说："最重要的是逻辑理解啊。"

今天又讲到用 OR 值估计 RR 值，因为病例-对照研究不能计算发病率，但为什么可以这样估计，仍然没说。刚才问我问题的那位同学也没提出来。王灵问我："为什么病例-对照研究不能计算发病率？"我问她："病例-对照研究的样本是什么？"她说："是病例和对照。"我说："对呀，你的样本都是病例还计算什么发病率呀？病例-对照研究的样本不是自然人群或很大的随机样本，所以不能计算发病率。"我看有同样问题的同学不在少数，老师应该对此很敏感，才能看清问题出在哪里，根源是什么，才能帮助他们掌握要领。

八、以问题为中心

（2010 年 5 月 28 日，3~4 节，讲课老师：王力，
题目：流行病学实习，病例-对照、偏倚，
学生：临床医学专业 07 级，2~5 班）

今天一上来老师就说上次在黑板上演算的同学四格表不会画，于是就在黑板上画，边讲边画，统计表就画三条线，左边是暴露的有无，右边是病例的有无（即病例、对照）。然后计算 OR 值。这样的表达跟书上是一样的，但跟我的想法不一样，我想的病例-对照研究的四格表左边是病例、对照，右边是暴露有无。我特别查阅了流行病学教科书，两种表达方法都有，也许两者都对，可以让同学讨论哪个更合理。

学生上流行病学实习课，一个班分成两个小班，分别在两个教室上课。80 多人在一个教室，老师点学号提问，学生照书本念，或不知道怎样回答。上大课的时候老师跟学生交流得很少，我建议老师多提问多交流，老师常说以后还有小课实习，专门讨论课题。现在我看了实习课，小课不小，仍然没有交流，没有讨论。这样的实习效果很差，

实在应该改进。首先应该减少每组的人数，并且老师要改进教学方法，真正做到带领同学探讨问题。

课后我问两个男同学对本课的感受，一个说："还行吧。"另一个说："老师点学号提问，太没意思了。"我又问一个女生，她说："老师一个一个叫号，挺烦的。"学生问我的感觉如何，我说："老师很耐心，强调掌握概念，也想搞好讨论，这些都是优点，需要改进的地方是，课堂人数太多不利于讨论，可以分成小组活动，老师和同学多想一想，提出更有启发性的问题，让讨论能深入一些。"

我想既然是实习课，就应该讨论问题，在课堂上营造出一个提问题的环境。艾斯纳在《教育想象》一书中说，就课程自身而言，也呈现出几个特征。首先也是最重要的，就是以问题为中心。杜威提出的以问题为中心，意思就是运用教学艺术，促使学生形成问题的环境，换个说法就是让他们的处境充满问题。问题的提出本身就是一种智力活动，寻求问题的解决过程，还为经验性思考的使用提供了条件。杜威认为，完整的思想活动——从意图的产生、经验的运用到结果的评价，非常完美地体现在科学之中，课程就应该追求这样一种典范。为了创造一个问题的环境，教师不仅要了解一种思想的智力潜能，他们还必须了解孩子，从孩子的现实出发是进步主义教师熟知的理念。这与维果茨基"最佳发展区"的想法很相似。"从孩子的实际出发"，其重要性在于它直接将问题的环境与孩子的经验以及他们的技能和理解水平联系起来。而教学技巧在一定程度上就成为一种安排——找出孩子的经验中能促进智力发展的内容，同时回避必将导致失败的过于困难的任务，为了做到这一点，教师就必须了解儿童。（艾斯纳.教育想象：学校课程设计与评价．李雁冰等译．北京：教育科学出版社，2008：72.）

我们的教学与杜威面对的不一样，我们的学生已经不是孩子而是青年，我们是医学教育不是中小学的基础教育。但是杜威的原理和方法完全适用于我们的教育。以问题为中心、从学生出发、了解学生，紧密结合学生的经验进行学习，这些都是我们应该实现的理念和方法。我们现时流行的口号也是PBL教学——以问题为中心的教学改革教学，这与杜威的思想是一致的。杜威说课堂就是要充满问题。我们所说的PBL教学是以案例为中心，把以学科为中心改为以系统为中心，围绕病例讲解系统知识，把有关的疾病的病因、流行病学、发病机制（生理生化）、病理解剖、临床表现、检查方法、治疗方法等整合到一起。从大的框架上看，这是从实际中提出一个大问题，而在课程进行中又提出很多大大小小的问题去思考和探讨。这样一种理念跟杜威的"以问题为中心、让环境充满问题"的理念是一样的。我之所以引用这么一大段有关的说法，是想说明不管你用什么方法什么模式，总的理念应该是加强对话，对话激发问题，让我们的课堂充满问题。这是我们当下最缺的，最需要改进的。

我跟老师交谈过如何改进，在教学总结会上也讨论过，老师们说都知道多交流多讨论很重要，但困难是教师少学生多，不可能在那么多人的课堂上深入讨论问题，也不可能对每个学生都了解，做到从学生出发因材施教。理论遇到了实际问题，真是左右为难，要么放弃都认为正确的理念，坚持现在的做法；要么认真思考解决之道。这是个两难的问题，但现在确实到了需要作出决断的时候了。

九、处理好几个关系

（2010年6月1日，1~2节，讲课老师：张玲，题目：队列研究，实验研究，学生：临床医学专业07级，2~5班）

今天讲流行病学实验研究方法。讲课中提到了20世纪40年代研究链霉素治疗肺结核的疗效，曾用实验研究方法，那是第一次用这个方法。我想，既然提到了这个案例，就应该详细讲一讲，当时的科学家为什么会想到这样的方法，具体是怎样设计的，这就是教思路。然而还是按照老样子，一条一条讲流行病学实验的概念、实验研究的分类、必要性、设计要点等。还讲了很多对照组的类型、随机分配方法，还有各式各样的抽样方法……太细了，记不住，用的时候查书就可以，实在没必要讲那么多概念。

从今天的听课、以前的听课，还有我自己讲课的体会，我感觉到，上课时对教材的处理应该注意三个关系：一是讲课内容上的多与少，亦即课本或大纲规定的内容与教师授课发挥的内容之间的关系，二是讲解的粗与细之间的关系，三是概念与案例之间的关系。艾斯纳也指出大学里博士的培养也需要利用实际的资料，不能光讲理论。但是事实上大家对这个教育学的基本理念好像都忘了。处理好这几个关系需要教师对教育教学理论的理解和对专业的透彻理解，才能知道什么是重要的、学生必须掌握的，才能知道什么时候应该采取什么方法去教；老师要了解学生、理解学生的心理，这意味着要求老师能够善解人意、换位思考、关心学生、从学生出发；老师要敏感，对学生的反应要有敏锐的感知，对他们在课堂上的表现，他们的希望、喜好、焦躁等细微的情绪变化，要有所体察感受，并及时对课堂进程作出调整。我们的教师经常忙于自己专业的科研，对教育教学的理论很少研究，很多老师上课就是传达知识，他的老师怎么教他，他接着还是用那个办法教学生。所以教改虽然提倡多年，其实际效果甚微。应该提倡专业教师多学一些教育教学的理论。有理论与没有理论大不一样。有理论在胸，就能增加敏感性和理解力，正是：感觉了的东西不一定能深刻地理解它，只有理解了的东西才能更深刻地感觉它。

我以为，教师授课时内容的取舍、呈现方式、课堂调度，在很大程度上是靠教师的想象力。什么是课堂想象力？教师的经验的积累、知识的积累、理论的修养、艺术的修养等，到用的时候就被大脑从记忆中提出来，或者是自然地流露，或者叫作从一个视角转到另一个视角。这就是课堂想象力。老师的想象力会促进和激发学生的好奇心和想象力。大概我们都有这样的经验，很多很多年前小学或中学某位老师的一堂课一个问题的讲解给我们留下了深刻的印象。我记得小学五六年级的时候，一位教历史的邢老师讲战国七雄，拿着粉笔在黑板上画了七个圆圈，有大有小，还画了两条线，一条线代表黄河，一条线代表长江，在圆圈中分别写上秦楚齐燕赵魏韩。我至今记忆犹新，当时全班的小学生都为老师的大写意逗乐了，那么潇洒，那么率性，那么胸有成竹！那是我第一次，至少是很早的时候知道什么叫示意图，示意图原来可以这样画。也是在小学，语文课赵老师讲僧推月下门还是僧敲月下门，讲了挺长的故事，给我们印象特深，影响也特大，后来自己在写东西的时候也会经常推敲推敲，虽然未必都想到小学的赵老师，但是"推敲"二字确实记在了心里。这就是老师的想象力对学生的影响，教材上不一定规定老师如何画战国七雄的地理位置示意图，也未必有贾岛写诗的故事，但是老师靠他的知识积累、教学经验和想象力，对一个问题的表达如此完美，影响如此深远，真是让人感激羡慕敬佩！这是科学？是艺术？是科学与艺术的结合，是想象力和创造力的表现。这样的老师让人永远怀念。

十、如何考试

（2010年6月4日，3~4节，讲课老师：张玲，题目：流行病学实验研究，学生：临床医学专业07级，2~5班）

今天张老师重点讲了两个内容：一是盲法实验，二是临床试验的评价方法。老师讲了一个案例，即公认的第一个RCT（随机临床试验）——链霉素治疗肺结核的效果研究。但是讲得很快，不到5分钟就过去了。为什么不多讲典型的案例？这需要问老师，但我只能说，错过了案例教学机会多么可惜——经验教学重要啊。接着讲现场试验的研究实例——药物喷雾预防呼吸道感染，也是一带而过。

应该让学生多思考这些研究实例，可以问：如果你是研究者你怎样设计？课后我问一位男生王康凯是否会设计一个小课题，他说不行。

下课之前老师说考试原则，题型还是名词解释、填空和选择，流行病学方法原理是重点，重要概念该背还得背，先理解再背，例如实验研究的四大原则是重点，依从性不是重点。

我想问，考试的方式方法是否可以改变？例如让学生设计一个小课题。过去我们考试，无论是本科生还是研究生，必有一题，给出情况，让学生作调查研究设计，例如某山村流行某种不明原因的疾病，让学生设计调查研究方法并提出防治对策。但是现在学生在课堂上和实习课上都没有做过这方面的练习，所以，正如那位同学所说，不会设计。讲流行病学方法，弄清概念固然重要，但更重要的是会用这些方法，在用的过程中弄清概念，唯有如此才能达到教学的真正目的。

我们现在的考试，出发点和指导思想是定量评估学生的成绩，题型经常是选择题、填空题、判断题等，这便于评分和量化评估。但是缺点是评估的东西是死的，是死记硬背下来的概念或者某个知识点，它不能评估学生对问题的理解是否正确和理解的深浅，也不能评估学生的应用能力。其实老师都清楚这个道理，但是现实情况是这种考试形式就是既定的"规则"，想改也改不了，人们似乎无能为力，只能任他去吧。我想解决之道是学校领导要下决心改变。这也需要理论的支持。

工业化在人们思想中带来的一个根深蒂固的概念就是一切都是成批生产，我们也确实经常听到一个隐喻——学校就像一座大工厂，学校的产品就是一批一批的学生。当然工厂的产品是符合一定标准的，从质量到形式都有一定要求，规格统一，最后，都是要经过标准检验的。学生也照此办理，也要经过标准化的检验。似乎最科学的办法就是量化指标。所以，你看，我们现在的考试大多都是量化指标，考概念、考知识点，考有标准答案的题，而不是或很少是让学生自由发挥的论述题。这样老师阅卷评分容易啦，最后统计分数科学啦，还能计算均数、标准差、95%可信限，还能画出分布曲线。这就是我们的实际情况，并且还在认真地加强、检查、推广。但是，如果我们认真读一读杜威的著作，就会发现这些做法都是一百年前杜威批评过的错误做法，杜威的观点是，学校是一个小社会，社会是多样性的，人人都有自己的特点爱好和追求，都有自己的对社会的责任，学生要学习做民主社会的主人。任何标准化的评估考试都有可能限制儿童的成长、限制学生的好奇心和想象力。

十一、大学生的好奇心

(2010年6月8日，1~2节，讲课老师：沈丹，
题目：传染病预防与控制，学生：临床医学专业07级，2~5班)

在两节课的时间内讲传染病的预防控制，要讲得清楚生动不太容易，沈丹老师今天从传染病的历史开始，介绍了伤寒玛丽（伤寒病的传染源）、伦敦霍乱，直到2003年SARS流行，2009年H1N1流感等案例，讲了传染病流行三个环节，以及针对三个环节的对策。总体上看，讲课比较流畅，重要的内容都讲了，有时也提问，问题大多还具启发性。例如："看到'传染病'三个字，你们有什么联想？你们打过乙肝疫苗吗？抗体水平如何？两对半结果怎么样？你们对天花消灭怎么看？如果天花病毒传入，后果会怎样？"但是老师没留出时间让学生发言，学生没有参与。我感到挺遗憾，这样，提问的意义就大打折扣了。我看到有不少人在睡觉（8:45的时候有11人睡觉，有2人就坐在第2排!）

课间我问旁边一位女生这节课是否有帮助，她说："内容比较简单，有些像科普，不必讲。"她说特想听最早那个用链霉素治疗肺结核的RCT（随机临床试验）是怎样设计的，可是提到过两次，都没有深入进去，挺遗憾。

同学的想法跟我不谋而合，说明这个问题有共同性。另一位同学说："想听听老师自己的经验，可是老师就是不讲，不知道是没有东西可讲还是其他什么原因。"

这是我多次听到的学生的要求，也是有共同性的问题，值得老师认真思考。

课间，沈丹老师到后排跟我交谈，我告诉她那位学生的看法，她说："拿不准哪些可以不讲。"

我说："你可以听听学生的意见。书上有的，除非特别难懂的内

容，一般都可以不讲，让学生自己看，但你要布置作业让他们自己看，要讲书上没有的，例如案例，老师的研究课题，这些书上没有，还得让学生自己讲、讨论。这些才是学生最感兴趣的，是他们的好奇心所追求的东西。"老师说另有实习课专门用来讨论案例。

　　我说："我听过这个班的流行病学全部的实习课，那实际上是老师带着大家做书后的作业题，虽然也有讨论，但大班讨论不可能很深入，效果不佳，实在应该改进。"

　　老师说："教学大纲上有的，如果不讲，怕检查到你的头上，说你没完成大纲的规定。有一次教务处的人来听课，对照教学大纲，真的说你这儿没讲那儿没讲。"

　　看来教学大纲还真厉害。不过它真能把人管死吗？这要看老师怎样看待它，如果不把它当成教条，而是一个学科的框架，教学的指导文件，并且是应该及时修订的，不是一成不变的教条，就不会受它的管制了。

　　在我同老师谈话的时候，那位女生就在旁边。我问她："你们学了病例-对照研究方法、队列研究方法，你们能设计一个小课题吗？"她说不能。我说："这才是问题的根本所在。"教学生研究方法的目的在会用，在用的过程中自然就掌握了定义、概念。如果不会用，就没达到教学目的。

　　第二节课老师讲到传染病的预防控制措施的时候说，大家自己下去看书，学生并没有反对，讲到新时期的问题与对策的时候，让学生自己看针对传染病流行三环节的措施，同学也没反对。这足以说明老师完全可以少讲，或者不讲，让学生自学。如果每堂课老师都讲大量的科普知识，就会磨灭学生的好奇心和想象力。这是个不容忽视的大问题。

十二、掌声笑声不断的课堂

（2010年6月8日，3～4节，讲课老师：张涛，题目：慢性病预防与控制，学生：临床医学专业07级，2～5班）

今天是以心血管病为例讲慢性病的预防策略。高血压是无形的杀手，如果按照医生的指导，80%的卒中、心脏病、糖尿病是可以预防的。适当运动、合理饮食、健康的生活方式，是预防慢性病的有效方法。心脑血管疾病、糖尿病、肺癌的共同的危险因素是吸烟，一定不要吸烟，已经吸烟的要早戒断。

课堂上老师让学生站起来两次，一次是让大家回忆昨天吃的食物种类，记起5种以下的先坐下，然后10种以下的坐下，15种以下的坐下……最后20种以上的只剩下一个女生，老师让她说具体的食物，她说有点紧张，不说了。老师说最好一天要吃20种以上不同的食物，有利于膳食平衡。第二次让大家站起来是教6节桌边操，伸展四肢、弯腰扩胸、转体屈背，很是热闹。也有一二人不以为然，没站起来。

这节课笑声不断，除了像上述的让大家参与以外，老师讲课还非常风趣，出口成章，不断随口背出一段顺口溜，学生中马上就爆发出一阵热烈的掌声和欢笑声。

老师问大家心血管病的致病因素，学生说有遗传因素和环境因素。老师说遗传因素不容易控制，尽管基因研究有所发现，但离实际应用还很遥远，所以重点应该放在控制环境因素。环境因素又可分为社会环境因素和自然环境因素，对于心血管病来说，社会因素（包括生活习惯和行为）更显重要。戒烟、限酒、少盐、低脂、多动、监测和控制高血压，应该是最重要的预防环节。要通过健康教育和健康促进，帮助广大的群众掌握这些预防知识。这就是预防心血管病的策略——针对致病因素采取措施，把疾病控制在没发生的时候。如果发生了高血压，应该积极治疗，避免发生更严重的合并症。

吸烟是很多病的共同危险因素。常见慢性病的危险因素有内在关系，一个因素可以引起多种疾病，一个人或一个群体，健康状况常表现为多维性。解决方案就是要进行健康管理。疾病只是整个人的健康状况的一种表现，是冰山一角。健康管理的实质是对人的健康状况的科学确认，然后进行科学加艺术的干预。生活方式的管理，例如定期测量体重，关注压力、活动、饮食状况。体检属于风险管理，对一个人群体检之后，对所发现的问题要进行分类管理。

老师还给社区卫生工作者画像，说他们跟医生一样，对所服务的地区也要望闻问切，积极传播健康知识，早预防、早发现、早治疗。健康教育和健康促进是"社会疫苗"，生活方式的本质是社会文化，生活中的健康决策常由个人、家庭做出，并受社会文化环境的深刻影响。比如，南甜北咸，东北人平均每天吃 21 g 盐，吃盐多是高血压的危险因素。如果用啤酒瓶盖去量，一瓶盖是 2.5 g 盐。老师还说要把科学生活化，对群众宣传科学知识要用大众的语言。说着，就脱口而出一段顺口溜。这时一位从外面走进来的学生坐到座位上后，问别人，你们笑什么，另一位同学说："精彩的你没听到啊!"老师说高血压的危险因素中，生活方式占 60%～70%，怎样预防？要和谐平衡中庸，10 月 8 号是高血压宣传日，知晓高血压就可以降低 30% 的发病率。高血压的危险因素——他说，你们要量量腰围，要把运动变得有趣。老师有一套自编的体操，在办公室、坐火车都可以练。说着就在讲台上练了几招。老师说要多喝水，老师让大家喝水，他说上课也可以喝水，自己随手拿起水瓶喝了一口水。

老师不断地在学生中走动，很有激情。他没按书本讲，也没按 PPT 念，讲得不多，学生比平常上课情绪高，注意力集中，没有睡觉的。我想，学生应该能学习到三方面的东西，一是预防疾病的知识，对自己有用；二是能学到老师的讲课方法，知道如何向听众宣讲医疗保健知识，将来当医生对工作有利；三是懂得预防疾病的思维方法，国家的卫生保健策略，视界更开阔，站得更高。

张老师擅长健康教育和健康传播学，对健康教育、健康促进有深入的研究，他还在北京广播电台当过健康节目主持人，所以他的讲课有艺术感染力。比如他说的让科学生活化就很有哲理。他出口成章，见景生情，随时都能说出一段诗歌或者顺口溜，足见他的专业功力和对大众健康的热爱。他的教学是挺讲究艺术性的，他讲课注重互动，注意掌握节奏，一节课的起承转合安排得恰到好处，给人的感觉好像一切进行得都很自然，不是刻意安排的。他知道讲课要尽量少讲，所以书上的内容常略去，而给一些书本上没有的东西。他编顺口溜的灵感和他的幽默感，常使整堂课充满笑声。指出这一点很重要，因为现在很多老师不注意研究教学艺术，他们误以为艺术与教学无关，其实关系大得很。艺术开启心灵，能让我们的思维更敏锐，更有好奇心，更有想象力。这对教学和科研都有好处，所以我们应该提倡研究教学和教学艺术，从喜欢艺术欣赏艺术开始，是一条捷径。教学既是科学也是艺术，教学既需要科学也需要艺术。著名哲学家李泽厚在《哲学纲要》之"认识论纲要"中说："艺术通过形式感的自由开拓可以引导、启发科学去感受和发现新天地，去发现宇宙自然中的新秘密。"（李泽厚. 哲学纲要. 北京：北京大学出版社，2011：181-182.）

今天的课大家都很开心，如果说有需要改进的地方，我想，可以考虑一下，应该让学生在课堂上做些什么，除了做操，除了回忆，还可以让他们动手做，可以让学生设计健康促进的项目，比如如何管理社区糖尿病人？今天的课堂上学生没提出什么问题，如果让他们动手做事情，一定会有问题提出来，那时候这堂课就会更精彩。

十三、再听流行病学

（2011年5月20日，3~4节，讲课老师：高平，
题目：流行病学实验研究，学生：临床医学专业08级，2~5班）

时光荏苒，匆匆一年，学生换了一拨。学校的生活就是这样，有人说学校也像"铁打的营盘流水的兵"。看看老师在这一年中讲课有什么变化，也能反映学校的变化，我想也挺有意思的。

一位医学教育专业的研究生刘学同学问怎样听课。我说，我听课首先是欣赏，我们的老师大多都是在他那个领域的专家，听他们讲课就是学习的过程，了解那个领域的进展，同时，欣赏他们讲课的艺术，看看他们怎样提问，怎样组织课堂活动。上课就好像一次演出，要欣赏课堂的科学性，也要欣赏艺术性。其次是批评，思考这堂课的优点和不足。所以，我听老师讲课，既要听讲的内容，又要听没讲的。他问"听没讲的"是什么意思？我说就是应该在课堂上呈现的而没有呈现的东西，怎么知道没有呈现呢？关键是你要知道应该呈现什么，这要靠学习积累。比如今天老师讲了很多有关流行病学实验研究的概念、方法、注意事项，但是没有呈现的是案例、问题、对话、讨论，而这些要比一味讲概念重要得多。这样的讲课跟一年前变化不大。

今天我注意到老师在讲某概念的时候，经常借助手势，双手在空中或在黑板上用力按，好像在用手势帮助说"从这到那儿，从那到这儿"。我在想，老师之所以在空中打手势，可能是因为她的面前缺少一个实际的案例，一个画面，供她调动使用。课后我问两个学生的感觉，他们说老师讲得挺清楚，就是语调太平缓，有时候让人快睡着了。是啊，教室里确实不少人睡着了，但也有人看别的书，我前面的三个同学从上课到下课，一直在看美国篮球赛在线直播。光是一个人在上面讲，没有学生参与讨论，没有学生动手练习，课堂就没法活跃，就没有问题，没有探索。

今天用两个学时讲流行病学实验，我觉得可能不必用那么多时间。老师也讲，流行病学实验跟观察性研究的本质区别，只是干预的措施是人为设定的。我以为，流行病学实验其实就是队列研究的特例，队列研究的暴露因素是自然的，实验研究的因素是人为设定的，其他如样本量、观察指标等，与队列研究一样，这样就不用详细讲解了，省下来的时间可以讨论问题。

老师说："如果讲案例，考试怎么办？考试前让我出一个概念题，案例里面没讲概念，学生怎么考？"其实讲案例的目的是为了避免空洞的理论，最后还是要从实际上升到理论。如果只是介绍案例，就事论事，不进行归纳，不提炼出概念和理论，就没完成认识从低级到高级的转化，这样的讲课也是不成功的。

概念只是语言符号、事件的外皮，光从概念看不出内里的结构形式，它没有细节、没有节奏，不生动。如果一堂课堆砌好些概念，就没有美感，让人乏味。只有感知了的才能更好地理解它。

十四、掌握一个"度"

(2011年5月24日，流行病学，讲课老师：高平，
题目：偏倚及其控制，学生：临床医学专业08级，
2～5班，开始时47人，下课时60人)

老师讲课很清楚，问题是讲课内容太多，没有讨论。我问老师《预防医学》本科生讲的内容是否一样？她说一样，我说给临床生的内容可以少一些，讲得太多也记不住，不如让学生动手设计，然后讨论。讲课的意义在于给学生一些启发、提示，当遇到这方面问题的时候，知道如何去自学。如果让学生讨论自己的设计，那对他们来说印象会非常深刻。

我问一位女生听课的收获，她说老师讲课很好，偏倚的概念以前从没听说过，听了讲课才知道在研究中偏倚对研究的影响，很重要，不过如何控制偏倚还是不会。我说老师刚讲了，用分层分析的方法，比如火柴与肺癌的关联，为了控制吸烟的因素，就把吸烟的人群分成带火柴与不带火柴，分别看与肺癌的关联情况；再看不吸烟人群火柴与肺癌关联情况，还可以用多元分析的方法。但最重要的是在设计阶段，选好对照，配比。学生印象不深的原因我想是没理解。现在，我们只知道有这位同学对混杂的控制没理解，是否还有其他同学也不理解？我不知道，老师上课的时候没有检查，没问一下是否理解，还有什么问题。我想，出现这种现象的原因是，老师只顾讲课，没照顾到学生，课堂缺少一个环节，就是让学生动手练习。如果少讲多练，加强师生互动，既能加深学生的理解，也便

于老师了解学生情况掌握进度。

　　这又涉及多与少的辩证关系。我说应该少讲，要多练习多讨论。老师说偏倚的问题很重要，希望多讲一些，就怕什么地方没讲到。刚刚出现的情况恰好说明，讲课面面俱到，学生没理解，没印象，讲得再多也没用，还不如少讲，让学生明白、会用。

　　去年高平老师没讲流行病学课，我听过她讲预防医学课，从对课程的设计、讲课方法、课堂组织、学生参与等环节来看，这两次听她讲流行病学课，给我的印象是与去年听预防医学课相比有改进，主要表现在课堂提问多了，与学生的互动多了。但总的来看讲课内容太多，而课程的难度不大，重复的内容多，概念多，学生有不耐烦的情绪，课堂缺少案例讨论，更没有让学生动手做。为什么上课还是"教师独白"？我想。原因是有一个讲课的框架——教学大纲在管着，还有一个考试在管着，老师不敢突破那两个圆圈，老师说"如果说我没讲怎么办？""如果考试怎么办？"就是证明。这种说法和做法在不同的学科不同的老师都能遇到。老师的这种思维方式具有普遍性。如果不突破这两个框框，我们的教学就不会真正进步。为此，应该认真学习教育的理论，此外还应该有点想象力。

十五、流行病学听课总结

　　听完这学期的流行病学课，如果问我有何建议，我的建议很简单：少讲多做、从案例出发。少讲，讲多少？讲什么？这有个"度"的问题，多做也有个度的问题。掌握这个度，需要琢磨研究，掌握分寸恰到好处。从案例出发就是从特殊到一般，从个别到共性。这也是一个审美的过程，我们要通过我们的课程让学生学会思考，掌握度，学会审美——在科学中也有美，从而以美启真，以审美为开端，导向求真，通过概念、判断、分析、归纳，上升到理论。这些是哲学问题，正好给我们的教学以启发和根据。这些思想足以让我们的老师相信，我们的教育应该改变,改变的方向就是少讲多练、从案例出发,就是掌握度和以美启真。"从度到美"和"以美启真"是哲学家李泽厚的人类学历史本体论的认识论,我很高兴有一个哲学观点作为"少讲多练、从案例出发"的理论依据。

第四章 医学心理学听课笔记

一、心理学家能猜人的心理吗

（2010年9月1日，1～2节，讲课老师：赵平，题目：医学心理学概论，学生：临床医学专业08级，1、4班）

这学期我想专门听医学心理学。我上医学院的那个时代没有心理学这门课，我一直都觉得那是个损失。心理学太重要啦，在各个社会生活领域，哪儿都少不了心理学，更不用说医学了。现在我想研究教学想象力问题，补上心理学的知识对我的研究一定会很有帮助。我计划了解课堂上教师如何提高学生的想象力，心理学课堂应该是很好的现场，因为心理学本身就是研究思维规律和思维方法的，看看心理学老师是怎么教的，一定很有趣。今天是心理学第一节课，由赵平教授讲，题目是医学心理学概论。

赵老师坐在讲桌后面的椅子上，8点，开始上课。

"今天是开学第一堂课，我们要求大家每次上课都要起立，老师回礼，说请坐下，然后开始上课，有人说大学生这样要求没必要，我说很有必要。通过这样一种简单的仪式，强调了课堂的严肃性。这个要求不过分。好，现在，大家起立。"

学生起立，还喊老师好。老师向大家鞠躬毕，告诉大家，起立就行啦，不必再喊老师好。这时陆续有不少迟到的学生进来，找位子坐下。老师接着说：

"有些人迟到不好，应该养成守时的好习惯，守时不仅是对老师的尊重，守时更是成功的条件。不守时是性格品质的某种缺陷，将来你们都要成为医生,医生为人治病要争分夺秒,要守时。"

老师说这学期心理学讲课、考试、评分以及学生用英文演讲等安排以后,进入正式讲课。老师说下面做第一次作业:你想提的医学心理学问题是什么?希望老师讲什么?10分钟以后老师让两三个同学把大家写的作业收上来,说,你们写的问题我要认真看,然后会针对你们的问题给以答复。

8:35分进入心理学讲课,老师问一位杨同学:"你了解的心理学是什么?"

答:"心理学是研究人的心里想什么,研究心理活动的规律。"

问:"一个心理学家能否猜出别人在想什么?"

答:"也能,也不能。"

问:"什么能什么不能?有人想过这个问题吗?"

没有人回答。于是老师接着说:"我经常接到这样的电话,问某个恶性事件的动机是什么,车祸逃逸司机的心理是什么,记者的心理是什么。说实话,心理学40多个分支,400多种治疗方法,一个人不能都掌握。心理学家不是算命先生,有一位妻子问心理医生丈夫是否出轨,一个女生说交了三个男朋友,问我应该跟哪个好,我不能回答,回答不了。他们误解了心理学家。心理学家不是猜人的心理。1984年我在医院开了第一个心理咨询门诊,一位外科大夫问我是不是给人开心解闷?那时候临床大夫对心理学也不全了解。心理学是研究人的思维规律的,与生物学的发展,脑科学的发展有密切的关系,比如,记忆、抑郁症与中枢神经递质——乙酰胆碱、多巴胺、5-羟色胺等的释放和重吸收有关。记忆有规律性,学生考试成绩不同,跟每个人的记忆力有关,跟每个人能不能掌握和利用记忆规律有关。"

8:52分,老师说休息10分钟。9点,准时上第二节课。老师在黑板上写了几个大字:

医学心理学,概论,第一节 对象与任务,一、概念。1. 定义……

老师强调弄清概念很重要,因为概念对掌握问题的实质有帮助。接着讲医学心理学的定义,老师在屏幕上放了一张幻灯片,是英文的,Alexander 1950 年为心理学下的定义。请一位同学读这一段英文,然后逐句翻译成中文。其中提到心理学也是一门艺术，是医学治疗学的重要组成部分。

老师说，医学心理学是一门交叉学科，国际上科学发展的方向是走学科交叉和应用科学的路子。我国政府也强调要促进应用科学的发展。老师在屏幕上又打出一张相片，问大家是否认识，有人说好像是杨振宁，赵老师说对啦，那是在他70岁的时候赵老师在他办公室亲自给他照的，他在准备上课之前还在看书。美国的学校会充分利用高年资的教授。赵老师说那时他就不带研究生了，学纯数学、物理学的人也越来越少，因为这样的学科发展有限，要向应用学科发展，这也有利于就业。涉猎多种科学会帮助你开阔眼界，激发灵感，有所发现。

老师说心理学有40多个分支，如普通心理学、实验心理学、发展心理学、运动心理学、航天心理学、广告心理学等。

在讲什么是实验心理学时，老师问人的面部哪个器官的表情最丰富的时候，老师举了为谢添表演的各种情绪拍照，然后拼接口和眼睛，让观察者判断哪个部分表情最丰富，得出的结论是嘴部的表情最丰富，这就是实验心理学的工作。

在讲什么是发展心理学的时候，赵老师说，人有两个发育的关键期，一个是2～3岁语言发育，一个是7～8岁智力发育，这时期大脑发育最快，2～3岁大脑为400 g，7～8岁大脑为1 300 g，而到17岁大脑为1 500 g，与7～8岁相比，只增加200 g。古语说："3岁看大，7岁看老"，是有道理的。所以，他建议同学们以后结婚生子要自己带孩子，自己参与培养孩子的智力发展。很多人都笑了。

在讲到运动心理学、航天心理学、职业心理学的时候都举了有趣的心理学测试的例子，特别是讲广告心理学时，举了"黑芝麻糊广告"的例子，得了一等奖。是啊，20多年以前的广告中那个用舌头舔碗的小男孩的可爱形象，几乎人人都记得。

心理学研究的对象是精神疾病的心理现象、躯体疾病的心理问题。这个题目没展开讲就到下课时间了。

下课后我与赵老师交谈，我说："你讲课很生动，举了很多例子，虽然强调概念的重要性，但是讲课并不是从概念到概念，这点给我的印象很深。"他说:"记住概念很重要,考试就考这些概念,但是光讲概念学生不爱听,必须多举实例。"还说为了跟学生交流,应该走下讲台,但那样一来扩音机就用不上啦。

一堂课是否成功,应该看老师讲述的情境多还是概念多,情境和问题可以激发学生思考,只讲概念会导致学生死记硬背,丧失想象力。讲一门新课,概论很重要,讲得好可以提高学生学习的兴趣,教给学生学习方法。有的老师讲概论,从学科的历史、研究内容、研究方法、到发展方向,似乎面面俱到,跟课本上的结构一模一样,但是学生很不爱听。赵老师没按那样的结构讲课,可以说是打破了书本结构,举了很多有趣的例子,并且是他亲身经历的故事,很吸引人,学生爱听。这也是一种想象力的发挥。但这种想象力和课堂讲解一定是经过认真思考以后的表现,是经过设计的。

这两个学时很快就过去了,就像其他课程一样,老师没给学生留出时间发言参与讨论。老师可以少讲一点,多提些问题。例如,在问到人的面部哪个器官的表情最丰富的时候,如果老师不讲,先让学生设计一个实验,探讨问题解决的方法,对于启发思维和想象力可能会更有帮助。

二、什么是心理学的难题

(2010年9月8日,1~2节,讲课老师:赵平,
题目:医学心理学概论,学生:临床医学专业08级,1、4班)

8:00,老师说"上课",学生起立,老师鞠躬,之后,学生坐下,老师也在讲桌后面坐下,开始讲课。今天仍然接续上次讲绪论。

老师讲医学模式,从1万年前的神灵主义、3 000年前的自然哲学、到14~15世纪的机械论,15~16世纪的生物医学,发展到现代的生物-心理-社会医学模式(恩格尔1977)。生物-心理-社会医学模式的基本观点是:①强调心身统一;②个体与社会保持和谐;③认知与评价;④主

动适应与评价；⑤情绪作用的观点；⑥个性特征的观点。老师强调要记住这些基本观点。

医生提高医学心理学的理论修养对临床工作有直接意义，临床医生应了解病人的心理活动过程和个性特点、规律。老师举了一个例子，有一位病人顽固地认为自己口腔有味，他不是强迫症，也不是焦虑，应想到个性或人格特点，错误的治疗可能发展为人格障碍。又举例说，记忆是心理学的重要领域，人的记忆曲线显示，20分钟能记忆50％，30天只剩下20％。学习与记忆有密切的关系，研究记忆的规律是为了促进学习。心理学在临床应用方面，例如，冠心病发病与A型行为有关，注意克服暴躁情绪，可以减少三分之一发病机会，所以办事要三思而行。C型行为的特点是压抑忍耐，与肿瘤发生有关。应该采取中庸之道，心态平和。医生注意对病人观察，有助于临床诊疗。音乐疗法可以减少疼痛，也是心理的效应。医学心理学的用处是维护自身健康，促进临床医学发展。

医学心理学的研究是建立在自然科学基础之上的，例如研究恐惧，可以利用先进的PET技术（正电子核磁成像）研究大脑活动的动态。

在讲到心理学发展简史的时候，介绍了中国古代心理学思想，那是和哲学分不开的。例如，中国古代哲学心理学理论，有人贵论、形神论、性习论、知行论、情欲论等。在讲到中国古代心理实验与测验时，提到李时珍的"脑为元神之府，心主神明"；刘智的大脑功能定位；清代王清任的脑髓说，脑解剖发现锥体交叉，这比西方早多少多少年。

西方心理学流派，从古希腊亚里斯多德的"灵魂论"、"记忆论"，到17~19世纪英法的"经验论"，德国的"唯理论"。

这两节课老师讲课的内容很多，时间安排也很紧，中间几乎没有提问的时间。不过老师提了一个很哲学的问题，就是在讲到知行论的时候，问前排的一位同学，是知先行后还是知后行先？同学说，实践在先，理论在后，有时理论在先实践在后。老师说这是一个悖论，就跟鸡和蛋谁先谁后的问题一样，永远也说不清，知行相资以互用，不是绝对的。

第四章 医学心理学听课笔记

心理学是从哲学分出来的一门学科，跟哲学有很多联系。精神与物质的问题既是哲学问题，也是心理学问题。哲学引导学生考虑人生的大问题，诸如兴趣、爱好、人生观、价值观、世界观等问题，讨论这些问题不在结论如何，仅从讨论的过程中就可以使精神得以舒展，学会判别是非的方法，思维受到启发，气质得到培养。多提哲学性的问题可以引起学生的好奇心，对促进想象力有帮助。老师今天这个问题提得好，不足之处是还没讨论，老师就下结论了。我估计很多人没有理解到这个问题的深度和重要性。

老师讲的知识和新进展很重要，有的很新鲜，但是很多书上都有，我相信学生也看得懂，老师是否可以少讲或不讲，让学生自己讲，或者干脆讨论一些别的，例如上述的哲学问题、心理学的难题等。真的，心理学的难题是什么？到现在老师还没提到呢。

我听过很多课了，虽然很多老师都在努力改进自己的教学方法，提高教学质量，想突破上课的固有框架，或者叫模式，但很难。过去常说讲课要有系统性和条理性，老师一般喜欢条分缕析地讲，学生也爱听，这样确实保持了"学科体系完整性"，所以讲课只能是内容多，面面俱到，总是不能做到少而精。这样的框架无形中就给学生加了一个思维的框子。长此以往，学生的脑子里就形成了一种思维定势和教条主义，影响他们的学习、工作和生活的方方面面。写书可以照顾到体系的完整性，讲课是否也必须考虑体系的完整性呢？我看未必这样。比如讲到现代医学思维模式的六个特点，学生就记住六个特点，是否还有其他呢？如果学生记不住六点，但对某一个问题有特殊的理解，是否应该赞赏呢？

教给学生某种工作套路、常规或思路（思想套路）对于掌握工作方法和学习方法，有助于新手上路、着手工作，但这还不够，这样只能完成常规性的工作，还不能经常保持创新思维、批判思维。若要让学生有创新思维和批判思维，就要在一般性的套路之外，保持好奇心、想象力，学会提有水平的问题。做到这点不容易，需要老师打破课堂的常规授课，让课堂不平静，一定要师生对话交流，把精彩的、争论的、难解的问题让学生讨论。真希望像赵老师这样学问渊博、经验丰富的教授研究一下如何突破旧的讲课模式、书本模式、思维模式，研究一下如何让书本归书本，讲课归讲课，如何引起学生的好奇心、激发学生的想象力，这样，教学改革才有实际意义。

三、器官移植能改变性格吗

（2010年9月15日，1~2节，讲课老师：赵平，
题目：医学心理学概论，学生：临床医学专业08级，1、4班）

今天老师继续讲医学心理学发展史。老师说，讲到学科发展史我们很看重重要的人物和他们的观点，以下就按早期、中期、近期分别讲西方心理学主要流派。早期：19世纪末德国冯特的结构主义；19世纪90年代美国詹姆士的机能主义，说意识是一个连续体；中期：1913年美国华生的行为主义条件反射论；1912年德国本特莫的完型心理学，空椅子疗法、催眠治疗；1900年奥地利弗洛伊德的精神分析法，人的无意识、性本能，自由联想。老师讲了一个故事，说弗洛伊德早年到法国进修时，听到老师一句话，说有些病人经常提到生殖器。说者无心听者有意，弗洛伊德回到奥地利就研究起了性、梦与精神。结果，造就了精神心理学的一代宗师。弗洛伊德1939年在身患癌症、经过24年住院33次手术后，不堪痛苦，最后让他的助手帮助他安乐死。我想，当你看到图书馆的书架上那套《弗洛伊德文集》的时候，你怎么会想到那竟是一位与疾病顽强抗争的病人的作品，真是伟人啊，奇迹啊！近期：瑞士的皮亚杰，儿时就表现有超常智慧，是发展心理学的奠基人；马斯洛的人本主义心理学，以及认知心理学。

在讲到医学心理学的发展时老师问道，精神病人就医是否自愿？国外有精神病法，我国也在制订中。讲到医学心理学发展的两个阶段，第二次世界大战期间，急需心理学工作者，第二次世界大战后更多心理问题出现，如PTSD（创伤后应激状态），对心理学的需求更大了。

讲到研究方法，老师似乎是没把这作为重点，在8：50第一节下

课之前用了一两分钟很快过了一下 PPT，我没记下来，大约讲了一下前瞻性研究很重要，我国做得很少。到此，用了 5 个学时讲完绪论。

课间休息的时候，我问坐在我前排的一位同学对老师的讲课有什么感受。他上课的时候一直在听录音，这时他摘下耳机，问我说什么，我重复了刚才的问题，又问他在听什么，他拿书给我看，是一本 GRE 词汇，在背英语词汇，他说老师讲的书上都有，一看就懂。我又问他旁边的一位同学，他还趴在桌上睡觉呢，叫醒他时，还睡眼惺忪，问我怎么啦。我问他对上一节课的感受，他说本来早晨就挺困的，讲的又提不起精神，就更想睡啦。我问他老师讲的你没听，那你学到什么了？将来考试怎么办？他说书上都有，一看就行啦。

我估计有同样想法的学生不在少数。我坐在阶梯教室的最后一排，学生的表情看不见，但动作看得一清二楚。刚才上课的时候我注意到睡觉的人比较多，就数了一下人数，8：25，总共出勤 73 人，7 人睡觉；8：40，有 14 人睡觉。听课的是 8 年制临床 3 年级的学生，应出席 150 人今天只来 73 人，出勤率大约百分之五十。老师讲课很认真，内容很充实，特别是讲到弗洛伊德与疾病抗争的故事，让人感动，有一种震撼的力量；讲到器官移植与性格改变的时候，让人不断产生遐想。这些书上没有的东西，听起来让人受到启发。但是，为什么不能激起学生的兴趣？值得认真研究。是否如学生所说，书上有的，又不难懂，老师可不讲或少讲？学生的意见让我们思考，在少而精上多下工夫实在非常必要。也许是闪光点被太多的一般的内容遮盖了，闪光点也就不被注意了。这是讲课内容上的轻重缓急、节奏和度的掌握艺术。

接下来讲心理实质。老师问，生命现象的标志是什么？一位学生回答是创造力。老师说是有感应性，如阿米巴。老师问，什么是心理的标志？一位学生回答情感、思维。老师说太高级啦，想想最低级的，——是信号性反应，有神经节的动物，都有对刺激作出反应的能力。然后老师讲动物心理的发展，人与动物心理的区别在于意识，但人的心理并不都是意识。意识的特点包括概指性，凡这样必那样；目的性，要那样就这样；主观能动性，使客观事物服务自己；社会制约性，根据社会要求行动。举例，清华大学一位学生用硫酸伤害动物园白熊的案例，那是人格障碍，个性发展不成熟。

讲到心理学历史，脑是心理的器官，心理是对客观现实主观能动性的反映。举例，狼孩、猪孩的故事，说明人的智能发育关键期，2～3岁是语言，7～8岁是智力，错过这个关键期就很难赶上正常人的发育。

今天老师提了两个有趣的问题：

早期历史上的结构主义，认为脑是管感觉、情感的，但是现在有人认为心脏也有记忆，举例说心脏移植的病人记忆发生改变，像原来心脏主人的性格，是否说明心脏也有认知的功能？

当老师讲到唯心论、灵魂、超个人心理学的时候，举了一个气功师通过气场能给远方的人看病，说我们是唯物论，但是有些现象是事实存在，现在难以解释，也不必急于否定，请大家考虑。

这两个问题确实很有趣，如果能深入讨论可能会引起争论、激发想象、好奇。进而可以讨论用什么方法证明这些现象真的存在？用什么方法解释其原理？从何着手进行研究？课堂讨论不需要得出某种结论，需要的是享受讨论的过程。事实上，这两个问题很不简单，它们涉及唯物论、唯心论的问题，认知与脑科学的问题。讨论这样的问题要比简单介绍课本知识更引人入胜，更能启发思维、激发想象力，让学生站得高看得远。可惜没有时间展开讨论。课后我上网浏览了一下关于器官移植与性格改变的新闻，讨论得很是热闹，有人相信人类的记忆和个性可通过器官移植"遗传"到另一个人的身上，还名之曰"细胞记忆"功能。是耶非耶？可以存疑，但至少这件事让我们开阔了眼界，让我们思考更多、想象更多。

四、为什么不敢离开教学大纲

(2010年9月29日，1～2节，讲课老师：张兰，
题目：感觉与知觉，学生：临床医学专业08级，2～5班)

今天听老师讲课，题目是《感觉与知觉》。老师说这部分的基础知

识高中已经讲了,所以今天不再详细讲,大家学习了生理学吗?学生说学啦。老师说感觉的机制与生理学讲的一样,也不讲了。老师说没有感性知识就很难理解心理现象和理论,她说尽量举一些例子帮助大家理解。老师说给心理系的学生讲这段用12个学时,现在减到2个学时,大大缩水啦。

开始讲课,放PPT,感觉的概念:人的大脑对当前直接作用于感受器的客观事物的个别属性的反映。老师说这个概念很重要,考试时很可能要考的,但不要死记硬背,考心理学不需要死记硬背,有方法,就是你要记住几个关键词。在这里的关键词是大脑、直接刺激、感受器、客观事物、个别属性,你记住了这几个关键词就记住了感觉的概念,很容易。个别属性最重要,"反映"的"映"字不是"应该"的"应"字,是脑子里的印象。

老师说:"感觉和知觉涉及哲学问题,如果你们感兴趣、有问题可以提出来一起讨论。"我想,这是一个好的命题,若是能讨论起来,一定会很有趣。不知为什么老师只是一带而过,没容学生提问就转开讲别的啦。接下来讲感觉的意义、感觉受情境的影响、感受性的测量、布格尔-韦伯定律、韦伯试验、感受性变化的一般规律。举了很多例子……

9点,第一节课结束。休息的时候老师来到后排向我征求意见。

我说:"概念交代得很清楚,还举了很有趣的例子。"

老师问:"还有什么需要改进的问题吗?"

我说:"你看,老师讲得那么清楚,为什么会有很多人睡觉呢?8:35的时候我数了一下人数,50人中13人睡觉。这个问题应该好好研究一下。"

老师说:"他们有的人晚上熬夜上网玩游戏,所以上课就困。这些学生都很聪明,即使不听课,考试前一突击就能通过,60多分没问题。"

我说:"既然不听课就能基本掌握,说明这些内容他们可以自学,那么我们何不索性就让他们自学,留下来的时间可以讨论他们感兴趣的问题,或者更难的东西呢?"

第二节课讲知觉:①概念——人对当前作用于感受器的客观事物的整体的反映。②知觉的基本特征——选择性、理解性、整体性、恒常性。③痛知觉——讲了两个内容，疼痛的影响因素和疼痛的心理治疗。下课后我跟老师有一个长谈，她还是让我提意见。我说单拿讲课来说，我提不出更多啦，课讲得很清楚。我建议能不讲的尽量不讲，多提问，老师不急于说结果，让学生思考，让学生讨论。这个课堂缺少讨论。另外，学生对老师的研究课题总是感兴趣的，当讲到你自己的实验时，可以让学生先讨论实验设计或思路想法，然后老师总结点评，这样学生可能会更感兴趣，也更能激发他们的想象力。

老师说："学生对具体的技术感兴趣。其实具体的技术是很容易学的，重要的是学习思路。"

我说："学习老师的经验和感情，也就是处理事情时老师怎么思考，思想方法怎么样，对待问题的态度怎么样。我想老师上课要有特色，主要表现在这些方面，如果都照书本讲就没有老师个人的特色啦。"

老师说："我们上北大的时候，一次，老师带学生去颐和园上课，体验情境对心情的影响。"

我说："那会让你一辈子忘不了。"

老师："真的忘不了。"

我说："那你也试一试嘛。"

老师说："以前我们也讲得比较灵活，可是教务处检查是对照教学大纲检查，说你哪点哪点没讲，所以我们不敢离开教学大纲。如果教务处不是那样检查教学的话，我们就试一试，那样也挺有意思的。"

我说："教学大纲也是老师写的，不是不可改变的。通常的做法是把各章节的知识点都写进去，尽量做到不遗漏。但是，教学大纲上的知识点并不全是必讲的内容，有些要讲，有些可以不讲，让学生自学，并且，教学大纲不应是永远不变的，应该定期修订，吸收新知识，剔除旧的东西。"

老师问我："您以前也听过我的课，现在怎么又听啊？"

我说："两年前听课的目的是想研究师生间的对话交流，这次我想系统地听听心理学。我现在思考一个问题，也跟师生对话交流有关，就是我们的课堂如何激发学生的想象力。你们是心理学专家，想必对此更有研究，所以想跟你们请教，共同探讨。"

第四章 医学心理学听课笔记

我是来探寻想象力的。所以我很关注老师和学生在课堂上的行为是否有想象力，是否会提问题，是否有批判性思维，提不同的看法，是否对新东西有好奇心。

老师讲课的内容安排顺序各人有各人的习惯，通常都是先讲概念而后举例说明概念，这可能已成思维定势。你说这样对吗？我想无所谓对与错，或者说没有什么不对。但是从思维规律来说，从情境问题出发到归纳出理论，是认识的一般规律，杜威指出思维五步和教学五步，就是强调从情境问题出发，归纳出理论，找出方法，直到问题解决。怀特海还说看一堂课好不好，就看老师讲课概念多还是情境多。这样说来还是应该先讲情境和问题，然后让同学讨论总结出定义，老师最后点评比较好。我们可以看看怀特海的讲座，看他是怎么讲的。怀特海的名著《思维方式》是在哈佛和其他大学作的讲演稿修订成书的。第一篇题目是创造的冲动，讲三个重要的概念：重要性、表达、理解，分三讲，每讲一个概念。开篇第一讲的题目是重要性，如果按照有些人的习惯可能一上来就讲重要性的定义，怀特海则不然，他先是讲这个问题的来龙去脉，在哲学中的意义，讲了一半多的篇幅了才讲到定义，还说这是一个不充分的定义。他说："'重要性'概念在文明思想中同样起支配作用，给它下一个不充分的定义，它就是导致人感受公开表达出来的强度的兴趣。"（怀特海.思维方式.北京：商务印书馆，2006：7.）怀特海这部书不太容易读，不过他的另一本著作《学习的目的》却是很好读，也非常有意思。在那本书里，他说大学应该充满想象力，如果没有想象力就什么也不是。我想，如果大家都是先概念后举例，老师的老师这样讲，到了我们当老师还是这样讲，我们的学生当了老师还是这样讲，那真的是太乏味、太没有想象力了。

我想起刚上课的时候老师说，感觉和知觉涉及哲学问题。这个问题很好，有必要重提，是否应该就这个话题开展课题讨论呢？我听课时就想到几个问题：感觉和知觉与感性和知性有什么不同？什么是理性？理性与思维有什么关系？感性、知性、理性主要是属于心理学范畴还是哲学范畴？我又想，如果学生提出这些问题是否会影响老师的讲课计划？如果话题扯得太远老师将如何应对？能否驾驭场面？

关于学生上课睡觉，我想应该来做一个实验，就是用什么方法讲课不让学生睡觉。这很有意思，如果还按原来的办法讲课肯定是不行的。讲书上没有的内容是否符合教学大纲的要求？用讨论的方法可以，但是讨论什么呢？就以老师的研究课题作讨论的题目吧，老师先提出问题，然后让学生讨论研究设计。大家都动起来还会有人睡觉么？

五、不要绝对相信自己的感知觉

（2010年10月13日，1～2节，讲课老师：张兰，题目：记忆与思维，学生：临床医学专业08级，1、4班）

今天上课老师先讲"错觉"，这个题目应该上次讲，因为那天时间不够了，就挪到了今天讲。讲到错觉的原因其中之一是注意、分散和转移，老师举了一个例子：人的注意力不是永远保持不变的，50分钟一堂课，学生若能听25分钟就不错了，老师还特别强调说，我不指望同学50分钟都听进去。

这很有意思，也就是说，讲课的内容有一半是没被学生听到，而更有趣的是学生照样可以参加考试，至少拿到优良或及格的成绩。这不是证明我们完全可以在现有讲课内容上减少一半吗！至少这也可以作为教学要少而精的理论根据之一吧。当然那要确保这一半都能被接受。如何做到呢？首先同学要保证注意力真正集中，全神贯注；但是反过来，教师的讲课如果引不起学生的兴趣，学生还是不能集中注意力，因此，关键还是在教师的教学方法和教学内容。我们一定要在少而精上下工夫，无为而无不为，大刀阔斧地做减法。这就需要老师的智慧，经过理性地思考和选择，把那些没用的、过时的、错误的内容减掉，那些可以自学的、容易的资料性的东西也减掉。这样可以节省很多时间用来讨论问题。减法做到最后就剩下精华了吗？那也未必。还要研究，发挥教师的集体智慧，设计最好的情境和问题，让学生讨论，发现问题，提出假说，设计解决问题的方法，调查研究收集资料，验证假说，最后完成一堂师生共同探讨知识和方法的讨论课。有人问，照这样书本还有什么用？我们说书本归书本，上课归上课，把书本放到一边，让学生课后参考吧。

老师讲错觉的时候演示了很多让人产生错觉的图片，比如有一张图片表示房子的框架，透视和结构关系搞错了，看你能否分辨错在什么地方。老师强调说，能画不能做，俗话说眼见为实，但是亲眼见的也可能是错的，一定要认证。老师的意思是指这张图可以错画，但按这个图纸造房子的框架是不可能的。联系临床，老师说你们将来到了临床，不要绝对相信自己的感知觉，在作诊断的时候，一定要反复论证才不会误诊。

这只是心理学与临床联系的一个例子，老师还举了不少其他例子。我注意到每当联系临床讲课的时候，学生就比较注意听，你会看到课堂上趴在桌上的同学也坐直了，听耳机的同学也抬起头了。这个现象说明学生愿意听理论联系实际的东西、将来可能用得上的东西。

接下来讲思维与记忆，讲到记忆的分类方法中的按存储时间编码分类，解释什么是瞬时记忆、短时记忆和长时记忆。然后老师说，"那么让我们做一个游戏吧！我说一组数，你们随后把这组数复写到纸上，写到书的边上也行，ready？"于是，老师开始念数字，42857350643，过了一分多钟，老师让同学回忆，然后问："都对的有多少人？"两个人举手。"错1～2个有几位？"大约3～4人举手。"对了7个以上的有几个人？"很多人举手，老师大致计算了一下说，多数人记住了7个数。最后老师总结：短时记忆是语音编码，通常能记住7±2个组块，这就是记忆容量，还说短时记忆最重要。

这种师生互动挺有效，至少不睡觉了。不过我在考虑如何用更积极的方法，从一开始就吸引同学参与进来，跟老师一起讨论心理学，让学生对探索问题有兴趣，或让他们虽困而不想睡觉，或让他们根本就不困！做到这点很难吗？

课间休息时我走到讲台跟老师交谈，老师问我："怎么样，还需要再做什么实验？心理学测验很多的呀。"

我说："您的课讲得很好，有时还联系临床。我在想的实验不是那些心理测验，我想，我们应该研究一下如何让学生不睡觉。"

老师说："那恐怕不是讲课的问题。"

我说："是啊，讲课没问题，但我们需要思考如何向前再迈进一步。为什么课讲得那么好还有15个人睡觉？我们用什么方法解决？"

我跟老师商量："是否可以用讨论的方式？"

老师说："那很费时间，教务处来检查说没完成教学大纲怎么办？"

我说："不会的。教学大纲也是老师写的，也可以修改，并且大纲上的知识点也不一定都要讲。"

老师说："那好，有王老师的鼓励，我可以试一试。"

老师以前说过，有人上课睡觉是因为他们夜里玩游戏，这可能是事实。可是根据我的研究，我访谈过的学生反映，学生上课睡觉主要的原因是老师讲课的内容不吸引人，或者没有难度，很容易自学。大学生是需要动脑子的，你不让他动脑子，他不睡觉还能干什么？有时候你看他好像是在睡觉，其实也还在听，当老师讲到有意思的地方他就竖起耳朵听啦。

第二节课讲记忆过程、艾宾浩斯遗忘曲线以及如何提高记忆效果等。9：25的时候老师发现有人睡觉，就小声地说，"啊，困了，是不是昨晚没睡好啊？我们是否再做个实验呢？"

9：40老师讲"思维"时，说"思维"研究得比较少，还说"思维过程"的概念和内容跟哲学讲的一样。这时，我真希望老师让大家回忆一下哲学是怎么讲的，这也是通过回忆旧的知识学习新知识。重要的是通过回忆引发对哲学和心理学的关系的讨论，可是老师没抓住这个题目，就像上次讲课时提到哲学与心理学有密切的关系，有什么关系？没引起讨论一样，放过了一次讨论的机会。下课之前老师留了一个作业：有一组数，前3位与后3位都一样，请证明这组数能被13除。老师说这是属于密码数学，掌握规律后很容易解，要体验思维过程。

9：53老师宣布下课。在我旁边坐的一位同学收拾书包准备到别的教室上课，利用这个机会我问他对这两堂课的感受，他说：

"挺好的。"

我问："有什么需要改进吗？"

他想了想说："希望增加一些视频之类的材料，比较生动有意思。"

"还有吗？"

"应该有互动，现在没有提问没有互动，很枯燥。"说完就匆匆离去。

我想对话虽然简短，但我看出这位同学是挺有思想的，表达也好，先肯定讲课的优点，然后提出需要改进的地方，说得很中肯，都是需要老师认真考虑的问题。

六、实验成功了

（2010年10月20日，1～2节，讲课老师：张兰，题目：医学心理学，思维与想象，学生：临床医学专业08级，1、4班）

今天张老师接上次的思维题目讲。一上来就问大家："记得上次留的作业题吗？密码数学，证明abcabc（例如123123）这样的数可以被13整除。目的是让大家体会一下思维的过程。你的思维过程、解决问题的过程是什么样的。谁做啦？"个别人举手说做啦。我问我旁边的泉源同学，就是上次下课时我跟他征求意见的那位同学，他说他这次没做，以前做过。我请他说说怎么做。他说 $abcabc=1000abc+abc=1001abc$，$77×13=1001$，如此，就证明了abcabc这种类型的数可被13整除。

我很惊讶他做得这么快，他说这类的题目在奥数里学过，课后我上网查，果然这类问题及解答非常多。泉源同学的思维过程是先设具体的数字1001abc，1001是13的倍数，$1001=13×17$，所以abcabc形式的数能被13整除。

我想，老师强调体会思维过程的意义，就是要通过一个数学游戏学习思维方法。如果进一步总结思维过程，应该是，解决问题时不要局限在题目的框架内，不可被框架框死，应该跳出框架。这样，虽然做了一个数学题，而收获是得到一个解决问题的经验，一种思维规律。

老师说今天讲思维决策，要离开教学大纲讲，新颖一点。影响解决问题的心理因素是重点，我们要举例说明，非重点的内容请大家自学。老师举了一个例子，也是趣味数学之类的，有9个点，谁能用4条直线连接起来？要求大家启动思维。有人说可以用一笔连接，老师说不能，那不是直线而是折线啦。两点成一线，三点成面，现在这9个点可能是三维的，所以必须跳出平面思维（其实是同一个问题），设想超出这9个点的框架，怎样解决问题？没有人回答。老师就打出了幻灯片。说只要

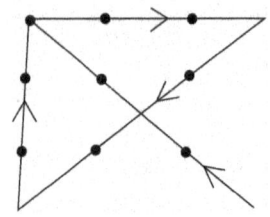

超出（这）9个点（范围）就能解决。在课堂上没画出结果，这个题的答案应该是如图的画法，关键是不要受9个点局限，另设两个点就解决了。老师点出了要超出9个点的范围，但没讨论，我估计，没玩过奥数的不一定能很快做出来，或者还不理解，即使小学的时候学过奥数，也未必真正理解思维过程。因此，在关键的地方，不要吝啬时间，要让大家都明白这种思维的诀窍。

老师说研究思维难度比较大。她问，想不想知道自己的决策特点，以及思维决策的理论？诸如扫描、聚焦等。没有人回答。这时是第一节课的一半，8：30，老师注意到有人睡觉，便说，要不然我们做游戏吧。

老师说："我心里想一个4位数，你们猜。"于是老师问："谁来帮助我先记录这个数？"一位男生举手，老师跟他说了心里想的数字，然后问大家："谁来到黑板前做这个题？"没人回答。问了两三遍仍没有人回答，老师可能有点着急，说："为什么没有反应啊？是什么压抑了你们的勇敢、你们的想象力？"这时第三排的一位女生举手。老师说："好，请。"

她在黑板上先写出1、3、5、7，然后问："对了几个？"那位作记录的同学说："有1，对了一位。"然后又猜1、2、4、6，这回有2，对了一位，又猜1、8、2、3，有1，对了0位，又猜3、2、4、0，3对了，位数对了两个，老师宣布："好，对啦！七步7分钟就做出来啦，非常好，大家鼓掌吧！"同学掌声。老师说谢谢，请回到座位。老师问

大家:"能证明吗?"没人回答。老师说她的思维决策是把这个题看成两个维度,猜对的数字和猜对的位数,临床决策要求快,很快找出几种可能性,然后很快判断出最可能的疾病和病因。

次序	猜的数	对几个数字	对的位数
1	1357	1	1
2	1246	2	1
3	1823	2	0
4	3240	3	2
5	3260	4	2
6	3206	4	1
7	6230	4	4

老师接下来讲思维决策理论——扫描和聚焦。扫描又分同时扫描和继时扫描;聚焦又分保守性聚焦和赌胜性聚焦。老师说:"新手背条条,专家看重点,就是新手的思维决策是按照所学的条文对照问题扫描,这样比较费时间,但是风险小。专家因为经验多,一上来就聚焦到重点上了,实际上是赌胜性聚焦思维,这样决策快,临床决策需要快,但这样可能风险会大一些。所以实际上应该扫描与聚焦相结合,让决策既快风险又小。"

这时我思忖:应该让学生说的话老师自己提前说了。我想,老师应该让那位同学讲一讲她的思维过程,然后再让大家讨论一会儿,目的是要弄清楚我们不是为了做一个智力游戏,重要的是我们在探讨思维过程。课间的时候我跟老师说了我的想法,老师有力地打了一个手势,说:"对了,应该分析思维过程!"

第二节课一开始,老师就说:"我们应该请刚才那位同学讲一讲你解题时的思维过程,大家都来分析一下。"于是,老师就引导大家讨论,先请那位同学讲自己的猜想的过程。

老师问:"你是如何考虑的?"

同学说:"我先大概猜一下,1357,这时反馈给我的信息是猜对了一个数,位数对了一个,第二次就想保留1,其他换成246,位数先不管,而是先猜数字……"

老师问:"这是什么决策方法?"

这位同学:"扫描。"

"接下来呢?"

"我想大胆猜一下……"

"嗯,赌胜性,聚焦。"

老师问大家这是什么思维过程?前排有人小声议论,老师说:"对,她是先扫描,去掉维度——就是位数,先看数字,然后逐渐聚焦。这样就使思维有效了。"

这时我看了看教室里有2~3个人趴在桌子上,其他人都在听老师的总结发言。还有一个人在听MP3,我注意到他从这门课开始就一直听,边听边看英文书。老师告诉我,刚才她在教室里走动的时候问过一个一直在睡觉的同学,他确实是夜里上网到很晚。我跟前几次上课作了比较,以前每次都有13~15个人睡觉,今天只有2~3人睡觉。老师改变了教学方法,增加了对话和互动,精简了内容,重点也突出了,内容也有意思了。上次我们说要做一个实验,如何让学生不睡觉,现在,实验成功啦!跟事先准备的"课件"相比,老师少讲了很多内容。比如,影响解决问题的心理因素、想象、创造力的测量等内容就不讲或少讲,并且明确说让学生自学,而离开"课件"又多讲了很多决策方法。更可喜的是老师跟学生讨论问题了,对话交流增加了。

我问坐在我旁边的泉源同学对这堂课有什么评价,他说:"挺好的,互动增加了,有些内容不讲,让我们自学,也比较好,我们能自学。"

今天这堂课给我印象最深的是思维决策过程,既不能全凭扫描、拉大网,也不能全凭聚焦、赌一把,而是扫描与聚焦相结合,才能作出科学决策。当然,决策不仅仅只靠扫描和聚焦,决策是一种智慧,是靠经验、知识的积累和正确的哲学思考,尤其是要发挥集体智慧。我听了这堂课给我的启发很大,让我想到了改变固有的教学理念是多么重要。让我们放弃老师独白吧,老师要帮助学生主动学习,能不讲的就不讲,让学生自学,让学生学会对话、交流、倾听,会提问题,会参与讨论。这样才能真正做到少而精。我听了这堂课有收获,也希望同学们有收获。

七、让系统搅动起来

(2010年10月27日,1~2节,讲课老师:张兰,题目:医学心理学,情绪与情感,学生:临床医学专业08级,1、4班)

老师一开始就说,"今天我们换个方式吧,我想问大家,你们是否愿意分成小组练习一下表达情绪?"

同学先是没有反应,老师又问了一次,同学说愿意。

"那好,"老师说,"我们可以分成三人一组,自己组合,每个人都有机会表达一下自己的情绪。具体的做法是,第一步,A先谈谈自己的专业选择与家人对你的期待之间有什么差异,你的心情如何。第二步,B结合自己的体验给A回应,第三步,C观察、描述A、B表达的情绪,最后,A、B反馈C的描述的准确性。每一步各用5分钟。关键是选择表达情绪的词语,比如,高兴、痛苦、失望、无奈、兴奋……"

老师讲完就让学生开始自由组合,并走到学生中看他们的讨论,有两个学生没有组合,老师还走到她们跟前好像问了问什么。我这时就近听了听我旁边小组的交谈。20分钟很快过去,老师让每组选一个代表发言,与大家分享他们的情绪体验。老师先让最后一排的小组发言,一位同学从容地站起来,说他是A,以前从来没有情绪体验,老师问B的反应,B同意他的说法。轮到第二组发言,他们商量半天也没有结果,老师就先让我旁边的那组说。那组中有两人同时站起来又坐下。后来还是泉源同学说。他是A,他选择考北京大学医学部的过程比较顺利,跟家庭的期望一致,所以他的心情平稳,没有大喜大悲的波动。B同学说他考大学经历有些波折,他想学理工或经济,家里人愿意让他学医。C同学说A、B二人说的是真实的情感，A的表情平静，B的表情略有起伏。这时老师问："这是情绪吗？"C同学解释："不单说到自己而且说到家人的期待和支持。"老师说："这不是情绪，这些是认知阶段，你是在叙述事情的过程，不是描述喜怒哀乐情绪的变化。"

　　第三组发言也没有用表达情绪的词描述自己或他人的情绪变化。老师颇有感慨地说："你们要从叙述过程，归纳综合，发展到情绪表达，情感伴随认知是一定的，但是你们一定要学会表达情绪，会表达情绪是很有好处的，对身心有好处，不要压抑自己的情绪，要学会表达情绪，必要时会释放情绪。我发现学理工的人太理性，不善于表达情绪。是谁压抑了你们的情绪？是老师吗？"

　　老师用将近一节课的时间引导同学讨论情绪和情感，并让大家分组练习情绪表达和描述，第二节课才讲情绪和情感的概念、情绪状态的分类、有关情绪的学说。这种讲课的方法打破了传统的先讲概念后举例的程序。打破一个陈旧的框架便给人一种新鲜感，一种刺激。最后老师要求大家要记住情绪情感的作用，而情感、表情、情绪的调整等内容回去自学。讲课中老师提到一个英语词汇：Turbulence——扰乱，搅动。老师说："系统搅动起来我的任务就完成了。大家有问题要随时提，这是我给你们的权利，啊，不，是你们自己的权利。如果你们不提，就是假设你们同意，你们已经预习了，就应该积极提问，这是一种态度的体验，要练习表达，自我觉察的敏感性，不要习惯于被动。"

　　"系统搅动起来我的任务就完成了"。这话说得多好啊！这使我想起小威廉姆·多尔在他的《后现代课程观》一书中同样说的搅动，要打破课堂的平静，让学生大胆提问、讨论。只有课堂活跃起来，才能调动学生的积极性和想象力。作为老师，敢于搅动课堂，说明他（她）有驾驭课堂的自信和能力。有的老师就怕课堂乱，怕学生提问，那是没有自信的表现，也说明在思想上缺乏现代教育的理念，我们的教学之所以不能开展对话交流，没有想象力，与老师的这种思想有很大关系。

课后我跟一位叫高璇的女同学交谈，我问她："老师用一节课的时间让大家讨论和练习情感表达，又留下很多内容让大家自学，你觉得这样好吗？"

同学说："好，我们喜欢这样。以前上课互动很少，有些内容很容易自学，老师没必要讲，今天的内容很生动，分组练习也很新颖，以前没做过。我们从练习中和老师的点评中学到好多书上没有的东西，我很喜欢这种形式。"

八、人格形成

（2010年11月3日，1~2节，逸夫楼508，
讲课老师：文博学，题目：医学心理学，人格及其形成，
学生：临床医学专业08级、1、4班）

今天星期三，是文博学老师的第二次课，星期一已经讲过一次了，题目是人格，我因有其他事没来听。今天讲两个内容，一是需要和动机，二是人格形成。8点钟老师已经站在讲台，学生还在陆续走进，老师连说了几次：抓紧时间坐好，不要说话了。坐下来的同学打开书包拿出来两本书，《医学心理学》和《微生物学》。老师打出来PPT，大题目是"需要的概念"、然后是"需要的分类""马斯洛的5层次"……时间刚过10几分钟（8：14），已经有3人睡觉，同时有很多人在看《微生物学》。我问一位同学是否快考试啦？他说明天考微生物。到8：25，我注意到有6人睡觉，老师还是继续放PPT，另一个大题目：动机的概念。随后老师问了一个问题："饿了的时候想干什么？"没人回答，又问了两回，有人说："吃"，老师问："怎么吃？"然后解释："需要是动机的基础，但需要不等于动机。动机是行为背后直接的原因。内部有需要的存在，外部有刺激与诱惑，导致某种行为。"继续讲动机的分类、动机与行为的关系。8：40，我注意到有17人睡觉，此时老师一直很投入很认真地讲课。讲到"动机冲

突"，老师解释说，动机冲突包括双趋冲突（鱼和熊掌不可兼得，学医学理不能都上）、双避冲突（后有追兵前有大河）、趋避冲突（既想又怕，比如吸烟与健康）。动机冲突易引起心理冲突，进一步导致心理障碍，甚至影响身体健康。例如，有一位大学生，毕业后为了留北京还是去外地想不开，得了焦虑症。8：50，休息之前老师总结这节课的重点是名词解释、概念、马斯洛的学说，动机概念和类型。最后问："有问题吗？"同学回答："没有，"休息10分钟。

课间我与高璇和鲁文两位女同学交谈，高璇说："老师把我们当小儿科啦，问我们饿了想干什么，吃，还要问怎么吃，多逗啊！"

我问："为什么那么多人睡觉？"

高璇："不吸引人。这些书上都有，就别讲啦。"

鲁文："卫生法学也挺枯燥的，可是老师给我们放录像，还有焦点访谈，能引起大家的兴趣，还可以讨论，所以睡觉的人很少。"

文老师讲课真是很认真很投入，基本概念讲得很清楚，有时也提问题，但是"抓不住学生"，为什么？我感觉问题正是出自认真讲课上面。认真讲课本来没有错，但是比认真讲课更重要的是师生对话、交流、互动。上星期听张兰老师的课，她说："要把系统搅乱，我就完成任务了"。她让学生分组讨论情绪表达和情绪描述，大受学生欢迎，也没有睡觉的。因此我想，老师自始至终不多讲，而是让学生讲，老师的任务是提问题，不断地提问题，提启发性的问题，这种理念很重要，需要学习和实行。老师还需要发挥想象力，在引导学生在学习上下工夫，在临床处置中（教育学把老师在课堂现场的操作比喻为医生临床看病）也要有一定的机智，及时发现问题，及时处理。

第二节课的大题目是"人格的发展与形成"，老师问："刚出生的时候有人格吗？"一位学生回答没有。老师问为什么，另一个学生说有人格的基础。这个问题没说完老师又提了另外一个问题："20世纪60年代印度一个牧师在山里发现两个小女孩，跟狼在一起生活，行为习惯跟狼很相似，后来一个死了，人们叫她们狼孩儿。听说过吗？应该听说过。"又问："小鹿出生后多长时间会走路？人呢？"没有人回答，老师就自问自答："小鹿出生后几天就会跑，学习觅食，人大约一岁，

18岁才到成年期。你们现在上大学还依靠父母。还有一些人该工作了不工作，还当'啃老族'。"我知道老师的本意是想通过提问和举例引起同学们的兴趣或是引出下面要讲的概念——人格形成的因素。可是没引起共鸣，没有引发讨论，老师就解释道：人格形成的因素还不完全清楚，一般3岁是语言形成的关键期。人格形成是一个过程，自我意识的概念，我是谁？来自哪里？婴儿通过咬手指感觉到自己与外界的区别，社会化是生物人向社会人发展的标志，个人观念行为纳入社会规范的过程，吃饭用筷子而不用手抓，上厕所后要洗手等，都是社会行为规范，逐渐学习得来，随年龄增长而逐渐完善。人格形成的决定因素有遗传和环境，基因提供了发展的基础和可能性，而环境因素则影响人格形成的一些特点，例如选择了一所大学就必受其影响。现在一个孩子有6个家长，父母、祖父母和外祖父母，教养的意见如果不一致就很容易导致孩子不知所措，左摇右摆，长大以后无法做决定，这就是人格障碍。

　　遗传与环境的影响哪个更大一些，心理学研究的结果也不一样。讲到人格的研究方法，老师说有家谱法、双生子法、寄生子法等。但是如何应用以及应用在什么地方没讲。

　　这时我看到最后一排6个同学都趴在桌上睡觉，9：25的时候，我数了一下有20人睡觉，而那位听英语的学生还一直在听。老师也还在不断提问：东方人的特点是什么？北京人的特点是什么？东北人的特点是什么？上海人的特点是什么？内向外向型各有什么特点？星座说有无道理？意识、前意识、潜意识各占多大比例？

　　我想如果换一种思维方式，换一种做法，让学生先提问题，或者老师提出一个值得深入讨论的、有启发性的问题，然后带领大家讨论，这样的效果可能会好得多。为了调动大家的积极性，可以分成小组讨论，每个人都有发言的机会，然后再集中交流小组讨论的意见。就以研究方法为例让大家讨论，比如，如何调查城市与农村儿童人格形成的特点及影响因素？这属于研究设计类型的问题，虽然不是心理学的概念问题，但对医学生很有用，可以打开他们的思路。我们教给学生的不要限于知识性的概念性的东西，那些东西学生完全有能力自学，我们要跟学生一起分享书上没有的老师的经验或前人的经验，学生自己的经验也可以大家分享。在这个过程中，老师和学生一起发挥想象力，最后学生有收获，老师也会有收获。再比如，单就人格形成及其影响因素就是一个很大的题目，老师提到"我是谁？来自哪？"这本身就是一个哲学的基本问题，讨论起来也是蛮有趣的，只要老师引导得好，学生一定会有收获。

九、健康人格标准

（2010年11月10日，1~2节，讲课老师：文博学，题目：医学心理学，心理卫生，学生：临床医学专业08级，1、4班）

今天讲心理卫生，老师说在书上第72页第7章，首先介绍心理健康的概念，然后讲生物-心理-社会医学模式、心理卫生的历史、心理健康的研究角度（病理学、统计学、文化学）等。当讲到从统计学的角度进行研究时，举了一个例子：比如异装症（男人穿女人的衣服）被认为有病，因为按正态分布，统计学认为人少时就定为异常，人多时就定为正常，又如抑郁与焦虑，因为有很多轻型的不去看病，人很多，统计学就认为正常。这时已经有很多人看遗传学，因为明天考试，还有6个人睡觉。老师讲的这个概念是否正确没有人提出异议。其实，老师应该把个体的诊断与群体的诊断两个概念分开讲，对个体而言，如果符合诊断标准，即使人很少也是有病；对群体而言，病人很多，发病率或患病率相应也会高，仍然不能说那个群体没问题，是正常的。进一步讲，如果把很多有病的人诊断成正常，那是诊断标准过松而导致的漏诊，应该修改诊断标准。

接下来老师讲心理健康的标准，介绍了马斯洛的10条标准和我国学者订的5条标准。还讲到不同年龄阶段的心理卫生、优生与胎教。最后讲到我国政府取消婚前检查以后，新生儿出生缺陷的发病率成倍上升，老师问大家："有问题吗？"没人回答，就下课了。

课后老师让我提意见，我说讲课很认真，概念交代得很清楚，也不时地提问题，这方面没问题。老师都想把课讲好。问题是我们如何让学生不睡觉，让学生动起来。明天学生考遗传学，确实很忙，但是这节课是心理课，不是遗传学的复习课，还要保证上好心理学。如果我们不想办法调动学生的注意力，那他们就会去复习遗传学。应该开展课堂讨论，让学生真正动脑、开口说话。如果他们能在大家面前讲话，就是在心理学上有了进步，就会增加自信，进一步学会表达、学会倾听。

这堂课老师有不少机会，可以把问题引向讨论，甚至可以讨论得很深入。比如，健康的人格标准，马斯洛提出10条，我国心理学界提出5条，根据是什么？是根据专家自己的想法还是根据调查研究的结果？如果是根据专家的想法，那么这些想法对不对？是否全面？如果是根据调查研究的结果，那么调查研究是如何进行的？如果再推而广之，可以问：通常制订卫生标准的方法是怎样的？

文老师说心理学课学生不怎么重视，不像生理生化病理那些大的学科，学生觉得那些课才是医学基础，才肯下功夫学。我说我听过预防医学和流行病学课，学生也有同样的想法。其实学生不知道，这些课对医学生来说都很重要，心理学是现代医学模式不可缺少的内容，预防医学给他们打开一个广阔的空间、更多的思路，流行病学教给他们科学研究的方法学。我们应该想办法让学生对这些课感兴趣，喜欢学。怎么办？就是不讲或少讲书上那些现成的东西，多讲一些书上没有的，比如调查研究方法、或者案例之类的内容，让他们讨论，要不断向他们提问题。

文老师讲课中提到一个他经历过的案例，一位中学生来到文老师的心理门诊，一进门就很愤怒地叙述他所在的某中学管理问题，说像个大兵营，起床睡觉吃饭上厕所等作息制度极为严格，上课不许动，不许说话，动不动就体罚学生，那位学生简直不能再忍受了。后来老师问大家：你们对那个案例感兴趣么？可以去调查调查。

老师提出了问题，这是可以引起学生思考的问题，很好。但学生没有反应，问题也就到此为止。我想，如果换一个方式把问题交给学生可能更好。比如，老师问：如果你是一个教育部门的管理者，或者是教育研究人员，遇到这种情况你会怎样想？这个学生反映的是实际情况吗？是否需要进行深入的调查？这种情况存在多久了？除了那位学生反映的情况还有什么其他的问题？为什么会有这种情况发生？老师家长学生各有什么反应？当地其他学校是否也有类似的问题？产生这些问题的原因是什么？应该如何改进学校的管理？如果进行调查，你想使用什么方法？用问卷还是用访谈的方法？

也许有人会问，这样讨论不是离题太远吗？其实，讨论什么问题，讨论多深，全在老师的掌握和引导，在于老师的精心设计。老师要做到收放自如、游刃有余，全在老师的学问修养和想象力的发挥，以及对整个课程的理解和对学生的了解。

文老师讲到心理卫生，说心理障碍或心理疾病与环境污染有关系。这也是一个很好的话题，可以进行深入的讨论。比如，可以问学生：怎样知道环境污染会引起心理障碍？用什么方法探索这种关联？也就是说有什么证据说环境污染会引起心理障碍？我跟文老师说，这个话题正好跟我的专业有关。儿童智力发育障碍跟铅污染有很大的关系，铅污染导致铅吸收增加，引起儿童血铅值升高，影响大脑发育和功能，导致学习能力下降、记忆力降低、智商降低、多动症、血压升高等。儿童血铅值的卫生标准就是根据对儿童的智力发育的情况制定的。而智力测验在铅中毒的卫生标准制订和铅中毒的诊断上比临床症状的出现和生化指标的改变还要早，因此智力测验常是研究环境污染对儿童健康影响的灵敏指标。

在讨论、辩论的过程中证据是很重要的内容，说话要有证据，尤其科学研究、教学、辩论都要重视证据。证据从何而来？当然是从实践中来，从逻辑推理中来。证明环境污染与心理障碍的因果关系是很复杂的思维过程和实践过程，这涉及提出假说、设计调查方法、收集资料、整理分析资料、论证以及如何下结论。这是一整套科研思路，多讨论这方面的问题，对学生将来的工作会很有帮助，让他们早期接触和建立这样的科学思维方式将会终生受益。这些内容一般书上没有，全靠老师的想象力、老师的经验和老师的知识积淀。学生最爱听的是老师的经验，书上有的可以留给学生自学，经验是书上没有的。学生不爱听老师念书本上现成的东西，却爱听老师讲自己的经验，为什么？这是不是来自课堂的心理学问题呢！他们对老师上课不能跳出课本很反感，不爱听，甚至睡觉，他们内心很苦恼，他们想学得深一些难一些有意思一些，但是老师不理解学生的心情，不能满足他们对探讨知识的渴望。因此，老师应该多研究学生的心理，在这方面多下工夫，多跟学生聊聊，多了解学生的需要。如果老师理解了学生的想法，换个方式讲课，学生受益，老师也会受益。

人们常说，学生不仅要掌握书本上的知识，而且要知道到哪里去寻找知识，就是说如何利用图书馆和互联网查资料。我以为仅把获取知识理解为利用图书馆和上网查文献是很不够的，那只是获取前人知识的一个方法，更重要的是如何去开创新路创造新知识。因此，学生要学会创造性思维方法和工作方法，才能主动探索而不至于总是跟在别人后面爬行。老师有责任帮助学生达到此目的，这个任务要比讲很多概念重要得多。

十、大学生的心理压力是什么

（2010年11月15日，1~2节，讲课老师：文博学，题目：医学心理学，优生优育，学生：临床医学专业08级，1、4班）

今天讲优生优育的措施，第一节下课后我问一位同学的感受，她说太平淡，不吸引人。她说："上生理生化课的时候提前10分钟人就到齐了，还有很多人挺早就去占位子，可是心理学都上课了人才陆续到，还有很多同学不来。为什么？就是内容比较简单，不吸引人。老师还把我们当成中学生呢！"我问她希望怎么上这课，她先说她也不知道，随后说："老师可以多提些问题，让大家讨论。介绍知识是一方面，更重要的是我们想知道将来到临床如何研究心理学，怎样用心理学。"

离下课还有20分钟的时候，课堂上掀起了一个小高潮。老师问了两个问题：当代中学生常见心理问题有哪些？如何应对？当代大学生心理问题有哪些？如何应对？老师宣布分组讨论，随后走下讲台帮大家分组，一共分了8个组，每组5～7人，讨论了七八分钟，老师让各组整理一下问题，选一位代表发言。

老师走到同学面前，听第一组的发言。一位同学站起来正要说话，老师说："坐下说吧。"（这时我想为什么坐下呢？应该站起来面对大家，最好是走上讲台发表演说呀，这是多好的锻炼机会！）那位同学坐下说："作为大学生，他们的心理问题是学习压力大，有时也有诱惑。"（大家笑），老师问："是什么诱惑？"学生答："是不健康的书。"（哄堂大笑）。老师问："你们怎样处理？……"（听不见，以后的同学都是坐着跟老师讲话，声音小）。第二组发言："中学生是学习学习再学习，还经常一起学，到了大学个人学个人的，感到很寂寞。"每当一个组发言的时候，老师就走到那组面前，几乎在和那位同学交谈，师生对话，这很好，但远处很难听清楚。三组同学说到了大学自己独立生活，与家人联系少了……四组一位男生说："高中时的班主任是一个同性恋，男生遭殃啦……"五组还没选出代表。六组代表是一位女生，说："中学学习很单纯，大学是社会，感觉压力大。"

这时已到9：55，外面的同学等着进来上下一堂课，里面的同学急着收拾书包准备换教室，一片嘈杂声。最后老师匆匆作了总结：有压力、遇到问题一定要多沟通，大学生要接触社会认识社会，适应社会大环境。你们遇到社会压力会越来越多，一定要多思考怎样处理。

课后跟老师交换了意见，我说最后让大家讨论中学生、大学生的心理问题有意思，学生都动起来了，一扫课堂的沉闷空气。我说可以改进的地方是：一是讨论时间短，各组内的讨论不充分，组间的交流也不充分，又听不清，老师总结点评也没时间了；二是应该让学生站起来大大方方地大声发言，面对大家讲话本身就是一种学习、一个进步，学生不要只跟老师汇报；三是跟此前老师的提问相比，后面的讨论题明显有启发性和参与性，这种做法值得坚持并不断完善。

十一、让我们讨论心理障碍的原因

(2010年11月17日,1~2节,讲课老师:丁波,题目:医学心理学,心理障碍,学生:临床医学专业08级,1、4班)

今天换了丁波老师上课,讲心理障碍。老师笑着说:"我们平常聊天跟人家开玩笑说,你好像不正常啊?你有病啊?其实不是真的说他有某种疾病,而是说他行为有点跟别人不一样,有点怪。讲到心理障碍,你们说说判断心理障碍的指征是什么?"有同学回答:"适应不良。"老师说:"很好。"又接着问:"你们有没有想过怎样判断心理障碍?有没有标准?界限怎么定?"没有人回答,老师接着说,心理障碍的卫生标准是有的,是多维度的问题,专家努力考虑制订完善的标准,但没有单一的标准,都是综合的标准。接着讲了5个方面:①生物医学标准,把心理问题跟脑联系起来,如果匹配上了对上号了就说找到原因了,所以就去查脑,区分是否健康。有些情况是对的,比如脑外伤引起的心理障碍,但是目前有很多心理障碍找不到器官的改变。②自我体验标准,考虑的是二维反应——性质和强度,遇到悲伤的事他大笑,对有些小事反应多年不能释怀,表现情感倒错。③社会适应标准,其中有一种情况,老师问,反社会行为人格你们没听说过吗?有时那种人还很有魅力,但是与人交往他可能出卖朋友,是有意为之就是不改。④统计学标准,老师问:"正态分布学了吗?什么是均数±标准差,IQ多少是正常?100±15,IQ高好不好?跟大多数不一样就不好吗?统计只告诉你偏离大多数的程度。⑤时间标准,时间要足够长。这几个方面各有优缺点,要综合利用。内涵标准是基础,排除标准也必须考虑。"

这时是8:40,老师一边擦黑板一边提问:"心理障碍产生的原因,你们怎么想?现在想,我们来讨论,不用看书,"老师走到讲台下,"没人说,那我就点名啦,最后那位。"

被叫到的那位同学回答："基因和环境。"
老师问："什么环境？"
"压力、刺激。"
"什么压力？"
"学习工作。"
"刺激的例子？"
"情感受挫。"
"还有无其他？最后那位穿格子衫的同学回答，请你先摘下耳麦吧。"
那位老弟正听得入神，站起来反问老师："是原因吗？"
老师说是，之后他说："焦虑、压力，比如考试期间食欲不好、失眠。"
这时一位女生站起来说："我想得比较抽象，社会与个人冲突，要有妥协和包容精神。"
另一位女生说："是由小积累成大，最后发展成心理障碍。"
老师问："怎样发生的？一定会发生心理障碍吗？"
答："环境压力。"
老师："什么压力？"
学生："幼年教育，比如人格形成方面不好的记忆，解决问题的能力，情感的缺失。"
另一位女生："脑外伤。"
一男生："有外在的和内在的原因，人生观、价值观、是非观等。"
一位女生："青春期。"
老师："青春期发育，生理和情感都有很大的变化，需要特别注意心理卫生保健。很好，还有吗？"老师边说边写，黑板上已经写了很多条。
一女生："可能有一个阈值的问题，压力超过承受能力就会发展成心理障碍。"
老师："应对支持体系之外就是超过阈值了。"
一女生："是否反社会行为人格也有自然选择的因素？当社会动乱时，适者生存，基因保存了这种能力。"
老师："嗯，很有新意。心理障碍涉及多方面的原因，大家有很多想法，符合实际情况，大家分析原因从多方面考虑，综合观点，既有遗传方面的原因，又有环境方面的原因，很好。下节课我们将从理论上探讨。"

9点钟休息，刚才的讨论用了20分钟。我问泉源同学对这节课的感受，他说老师有激情，跟同学互动多了，提了很多问题，有些很有启发，在黑板上记录同学的发言，然后总结点评，这些方式都很好。老师说话也更直接了。我问他是什么意思，他说："有人睡觉，有人说话直接指出来，以前的老师不这样做。"

第二节课老师从理论上解释心理障碍的原因。介绍了三种模式：①生物医学模式。例如脑外伤、代谢失调（如巴金森病与多巴胺的关系）、肝性脑病、肺性脑病等。但是这个理论有局限性，有些心理问题找不到体质上的根源。②心理动力学模式。主要讲弗洛伊德的本我自我超我。本我追求什么？——快乐原则。自我的行为原则是什么？——现实；超我Super—ego？——道德理想，完美的理想主义。本我—超我是对立的矛盾，自我起调和的作用。比如焦虑感，心理冲突——焦虑——心理防御机制。酸葡萄的心理，狐狸想吃葡萄吃不到，就焦虑，于是就说葡萄是酸的，吃不着葡萄你怎么知道葡萄酸？这就是自我安慰。但是心理防御机制解决不了根本原因，适应机制如果使用过度就不行了。过度应用——不可适应现实——神经症。

老师问："用此模型你们说心理障碍应该怎么治？"

一位男生："狐狸吃不到葡萄就说葡萄酸，那是治标不治本，应该进行根治。"

另一位男生："应该打破防御机制，免除恐惧压力，给以药物、关怀、疏导。"

老师："心理障碍治疗可以用药，但这个模型不用药。二位从根本上说得很重要，我补充一点：可以换一种防御方式，就是③行为模式。人的不良行为是后天习得的。学习是个体对行为所受到的强化反应。例如有人养猫，那猫总是尿床……怎么矫正？"

同学说："惩罚。"

老师："是及时还是过一会儿？"

同学："及时。"

老师:"对。这就是打断不良行为的强化,同时强化积极行为,让得到强化的行为继续。比如儿童脾气大,一会儿哭着要冰棍,一会儿又要冰激凌,这时一定要打断他的不良行为,同时要给以积极的行为强化。"

这堂课给我的感觉,正如泉源同学所说,老师有激情,互动多,提问多。提问就是促使你思考,我注意到老师的问题富有启发性,因而学生爱听,有反馈。我们的目标是培养学生的创造性思维,多交流多提问就是重要的途径。课后我问老师两个问题,一个问题是老师觉得这节课成功在什么地方?另一个问题是上过这堂课老师是否也有收获?从学生那里学到什么东西?

老师说:"我想多提一些问题,从不同角度启发学生的思路。第二个问题么。"老师想了想说,"学生的思想很活跃,一位学生说反社会行为人格也可以从自然选择得来,我听了很新鲜,以前没听说过。"

我说:"通过自然选择保存遗传性状需要很多世代,人的社会行为是否也有这种方式啊?不清楚。但不管怎么说,学生的想法挺新奇,这就是想象力。多提问,变换不同的视角就是发挥想象力,这是课堂上最可贵的。同样重要的是要让学生养成敢于发言敢于表达的好习惯,这是学习成为负责任的公民应有的品格。"

十二、有条件的爱和无条件的爱

(2010年11月22日,1~2节,讲课老师:丁波,题目:医学心理学,心理障碍,学生:临床医学专业08级,1、4班)

今天丁波老师讲心理障碍的社会文化模式的时候,问大家社会文化因素包括哪些,同学说有经济因素如经济衰退,有突发的事件如地震泥石流,还有人口流动等。老师又问人口流动因素包括哪些?这时老师走到一个同学面前,那位同学说如果一个人到了新地方,生活习惯和文化环境与自己原来的不同,就会有矛盾冲突。另一位同学说当地人的歧视。老师补充说又比如被迫流动对居民产生的心理压力。老师举了一个例子，心理异常的内容和表现形式受社会文化因素的制约，某地曾发生过多数外来打工者患"缩阴症"，原因是生活紧张压力大，又加上迷信怕不能生育，结果延续数年在这个特定的人群不断发生该病，这是社会文化因素影响的典型事例。

在讲到人本主义观点的时候，老师举了一个例子，一位三年级研究生只知道沿着别人的轨迹生活，没有自己的主见，他只知道别人希望他做什么，却不知道自己应该做什么，这跟小时候的教育有关系。比如父母老是说我爱你是因为你听话，乖。这种爱是有条件的，是你必须按我的要求做才能得到我的爱。另一案例是一个二年级的女研究生，自觉空虚，不知道自己的感觉是什么，彷徨、空洞，她不是没想法，而是经常被打压被否定，结果形成了负面的习惯。老师问如果按人本主义的观点，应该怎样对这样的来访者治疗？一位穿黑白格子大衣的女同学大声地回答："需要对过去有所认识才能改正。"老师说她现在这个样子不可能有所认识，这样的案例只有在咨询室里学会新的面对方式，学会无条件的爱才能有所进步。我思忖着这个问题应该深入讨论一下，在咨询室里怎样能学到无条件的爱？无条件的爱跟这位来访者的问题有什么必然的联系？我们的学生从中能学到什么具体的方法？

今天课间休息的时候格外安静，大多数在那儿睡觉，一位同学告诉我明天将要考卫生法，昨天睡得晚。今天课堂也比较沉闷，很多人在看《卫生法》，第二节课到9点一刻已经有十五六个人睡觉了。老师的讲课和提的问题虽然挺有意思，但不能引起学生的兴趣。我觉得这时候最需要把课堂扰动起来，怎么扰动？就是要多提问题，但是那么大的教室那么多人，光靠老师提问点名回答，充其量只能使少数学生动起来，还会有很多人不动。前几次上课几位老师都用过的方法——让学生分组讨论问题，应该是行之有效的办法。应该注意的是要选好问题，这个问题要跟教学的主题紧紧相扣，还要让学生有想象的空间，最后让学生交流各组讨论情况，老师给以点评。困难的是如何处理课时与教学内容的关系，讨论必然要用时间，老师就必然少讲，老师怕讲不完教学大纲规定的内容。这些问题其实还是理念问题，无为而无不为，为此，还需要老师多发挥想象力。只有老师发挥想象力，转变教学理念、改变教学方法、精简教学内容，才能给学生创造想象的空间。

十三、应激与心身疾病

（2010年11月24日，1~2节，讲课老师：赵平，题目：医学心理学，应激与心身疾病，学生：临床医学专业08级，1、4班）

上课时间已到才来28人，我问一位同学怎么回事，他说昨天晚上考卫生法，估计今天不会有很多人来。停了好几个星期的上课起立的仪式赵老师又恢复过来，并且说："有的老师不要求，但是我希望你们坚持这样做，对你们有好处。"老师开始讲应激的概念并且说需要认真记住。应激是觉察到环境刺激引起生理-心理-社会反应功能的过重负担时的整体现象，结果是适应或适应不良。

在讲过应激过程模式以后，老师提问："应激事件知道好还是不知道好？SARS的时候政府采取的是哪种政策？"坐在前排的一位穿黄外衣的女同学说："应该知道。"老师问："那时候你们上中学吗？"答："初中。"老师又问："2003年4月SARS流行你们知道吗？"答："不知道。"老师说："实际上2002年11月广州已经发生了，到6月老百姓才知道。报道是真实的吗？报道说疫情很轻，怕引起恐慌影响旅游、影响经济。那时候人民医院有92位医护人员感染，还有不幸死亡的。那时候急诊室就在大厅，交叉感染很厉害。但是当时不知道有那么严重。人们感受不到威胁，伤害就更大。到去年H_1N_1流感流行的时候情况就不同了，政府告知老百姓实际情况，老百姓的认知发生改变，情绪很稳定，按照卫生部门的指导做好防治工作。"

在讲到应激与健康的关系时，老师问："你们知道清华大学学生刘海洋的事吗？他先向动物园的大白熊投石灰，后来又投硫酸，就是想看看白熊有什么反应。后来判了3年徒刑，律师考虑他是否有精神病，

第四章　医学心理学听课笔记

检查证明没有，心理专家认为他是心理上不成熟，最后结果是免予刑事处罚。适度的应激是成长发展的必要条件，也是维持人体正常功能活动的必要条件，但是总是处在应激状态就会出问题。刘海洋从小就缺乏社会生活知识，不懂得社会的通常规范，所以他的人格发育不成熟，不能适应正常的社会生活。"

接下来，老师讲到应激的消极的影响是焦虑、血管迷走神经反应（如血压降低、出冷汗）、过度换气综合征。还有慢性应激反应，如有患者患有20年的慢性腹泻，消除了应激原以后腹泻症状也就好了。

在讲到心身疾病——溃疡病的时候，老师举了一个实验为例说明应激对溃疡病的影响：两只猴子放在两个笼子里，一只绑住爪子，一只不绑，两只猴子同样给以通电刺激，半年后其中的一只猴子得了溃疡病。老师问是哪只？学生说是没绑的那只。老师问为什么？学生说因为没绑的那只总是处于应激状态，而绑住爪子的那只已经习惯于刺激了。老师说，很好，这就是适应对因素。老师总结说，所以你们要学会适度的紧张，要紧张而快乐地生活。

我边听课边想：我们的课堂上只有老师问学生问题，没有学生主动问老师问题，为什么？难道学生都明白了？即便是都明白，难道对老师的讲课就没有一点要质疑吗？或者没有一个新的想法跟老师讨论吗？我认为我们的课堂需要有想象力，需要师生对话交流互动，老师要研究一下如何调动学生的想象力。都说我们的学生极聪明，今天老师又说了这句话，但是为什么他们不能提出一些奇思异想呢？为什么不能质疑诘问争论呢？

听老师讲课，我也有几个问题想问一下。老师讲到刘海洋的事，想说明是适度的应激对孩子的成长有好处，这种应激是指什么？当讲到心跳自我监测时，老师说大脑感知控制这是很前沿的东西，为什么是很前沿的？是指方法上还是理论上？是指生物医学上的还是哲学上的？有什么实际的用处？在讲到猴子电刺激实验时，老师说一只猴子捆绑住，另一只不绑，得出的结果是否有偶然性？为了避免偶然性，正确的设计或表述应该是怎样的？其实为了证明应激可能引起溃疡病的假设，可以让学生分组设计这个实验，老师给以评论，最后拿出前述的猴子实验的照片给大家看,这样可能会有另一番效果。

十四、学生的英文讲演

(2010年11月29日,1~2节,逸夫楼508,医学心理学,老师:赵平,题目:学生英文讲演,临床医学专业08级,1、4班)

刚开学的时候,赵老师已经安排这次演讲,今天有15位同学用英文讲述心理学问题。今天来的学生特别多,教室都坐满了。开会前有的发言人还在看讲稿,有的好像成竹在胸,跟别人聊天。教室里比较活跃,人人都挺兴奋,好像等待着参加一次国际学术会议似的。

赵老师请一位女生上台主持。她是班长,名字我记不住了。给我印象特别深的是,她好像很有经验,一点都不怯场,每人发言结束她都用英文问大家有什么问题,然后用英文给以简短点评。在她的主持下,演讲会开得挺成功。今天演讲的题目是:

1. Where do good ideas come from?
2. Positive psychology
3. Constellation
4. Collective unconscious
5. How do we communicate?
6. Social anxiety disorder
7. Inception
8. Bipolar disorder
9. Say no to procrastination
10. Happy theory of Aristotle extrinsic value
11. Extra sensual perception
12. Schizophrenia
13. Inception, consciousness
14. Music therapy

15. Internet addiction

演讲结束后,赵老师作了评论。他说,今天的演讲会很成功,大家做了很认真的准备,题目的范围很广,既学习了英文又学习了心理学。大家积极参与,克服社交恐惧,抓住讲话的机会,每位发言人英语都讲得很好,很流利,现场提问和讨论也是用英文,他没想到大家的英语那么好。老师对主持人评价很高,说她特别优秀,利用课余时间准备,那几天又生病,写了很多笔记,现场主持精神风貌很好,英语非常流畅,做到了随口而出,表现出很高的水平。最后他鼓励大家学好英语,英语是成功的工具。

我对自己说,想象力,事在人为。

十五、男孩的 IQ 真不达标吗

(2010 年 12 月 1 日,1~2 节,逸夫楼 508,讲课老师:丁波,题目:医学心理学,心理评估,学生:临床医学专业 08 级、1、4 班)

老师上课一开始还是强调概念的重要性,说今天的讲课题目是心理评估,所以我们首先介绍心理评估的概念,概念清楚了,下面讲的内容就容易理解了。心理评估就是对一个人的心理品质及水平进行鉴定,了解其心理过程和人格特征。讲完了概念,就问一个问题:心理现象包括什么?没有人回答,接着又问:评估的用途是什么?有同学回答:为了深入全面准确了解一个人。老师又问:要了解一个人,比如你与人相处,想进一步发展朋友关系,或者就业面试,需要用什么手段?老师说今天我们换个方式,请大家讨论这个问题。你们可以五六个人自由组合,讨论 5 分钟,现在开始吧。坐在前排的学生回过身,两边的往中间凑一凑,就近结成小组,有的 5~6 个人一组,有的 3~4 人一组,开始讨论。这时老师也走下讲台,看到没组合的同学就催促他们抓紧时间加入一个小组讨论。7~8 分钟之后,老师说讨论结束,请各组代表发言。老师说为了节省时间,就从前往后按顺序说，从最前面的第一组开始吧。

第一组代表说："可以观察那个人的行为细节，例如花钱，还可以通过朋友了解他的过去的情况，通过交谈了解他的性格。"

第二组代表说："通过交谈、在一起吃饭了解他的经历背景。"

第三组代表说："也可以跟他的朋友或敌人了解，可以一起喝酒，酒后吐真言么。也可以相处一段。"

第四组代表是一位女生，她说："除了平时相处交谈、了解想法爱好，还可以通过完成任务、问卷等方法了解。"

第五组代表说："了解公开的资料，或在共同的活动中了解。"这时一位女生插话："有可能会掩饰真实的想法。"（老师说："那就叫心理防御。"）

第六组代表说："看博客，观察日常行为、动作细节。"（老师说："多么丰富啊！"）

第七组代表说："最初是观察，看他与别人对话交往，还可以看他独处时。"

第八组代表说："观察他的仪表、礼仪、对待朋友的态度。"

各组发言结束，老师问："还有补充吗？"同学们说："没有。"老师说："嗯，很全面。"当同学说的时候，老师就在黑板上一条一条地写下来，最后把同学说的话划出重点，归纳出观察、了解、交谈、相处、问卷。老师说："好，很全面，这就是我们要讲的心理评估方法，包括调查法、观察法、会谈法，还有心理测验法，你们都说到了。"然后老师又从专业的角度分别讲解了这几个方法的具体操作注意事项以及优缺点。讲到会谈法的时候，老师打出一张幻灯片，有三个人，让同学猜哪个是应试者，同学从体态、衣着、桌子上的书本等指出那个最年轻的是应试者。老师从这个例子引申讲解了说细致观察的重要性。

老师又问同学："你们看过《非诚勿扰》那部电影吗？从心理学角度看，那里也有心理评估，24个美女在台上，一位男嘉宾用观察法选秀，观察她们与别人交往，观察她们的人格特质，这叫印象管理，是需要能力知识与经验的积累。"

在讲到心理测验法的时候，老师问："心理测验法的优点是什么？"

同学回答:"数量化、标准化,避免主观性的影响。"老师说:"很好,标准化的目的是什么?"老师走到一个睡觉的同学旁边,说醒醒吧,你来说说,他还不知所问,没回答。另一位同学回答:"大家都一样。"老师说:"好,公平合理,避免主观片面。"又问:"给分数的好处是什么?"学生:"量化对比。"老师:"以便进行统计分析。"

老师继续讲:"还有一个方法叫作品分析法。你们听说过笔迹分析法吗?那也是心理分析。文如其人,传说秦观有一首诗,其中一句是'万点飞红愁如海',一位老和尚看了,说命不久矣。果然半年后秦观就死了。从作品、日志、档案、劳动产品可以观察人格特点。"我不太相信那位老和尚的故事,他从一句诗就能判断生死?那也太神啦。后来我问老师,老师也未置可否。

我在想,学生通过老师的启发,说出几种不同的心理评估方法的名字,但是还不知道每种方法到底应该怎样用,在什么情况下用什么方法。好像问题还仅仅停留在表层,没有深入。原因在哪里?我想,是没有情境,没有让学生思考在一个具体情境中,如何发现和提出问题、如何设计解决问题的方法和计划、怎样收集资料和分析资料、怎样得出结论和怎样评价。

在讲到心理评估在医学中的应用时,老师说这节课在医学心理学中承上启下,通过心理评估可以发现"正常偏离",可以了解心理治疗的效果。老师说她有一个同学打电话问她心理问卷和心理测量的方法,一个肿瘤科的医生为什么对心理学感兴趣呢?那位医生说头颈外科也需要了解病人心理问题,需要心理评估。

心理评估的基本程序是:确定目的、详细了解被评估者的当前心理问题、对重点问题评估、资料分析处理、得出结论。在讲到为什么要详细了解被评估者的当前心理问题的时候,老师举了一个她在心理门诊看到的案例。一位10岁男孩,来门诊做心理评估,做的结果是IQ得分68分。老师怀疑这个结果的正确性,因为看男孩的行为言谈举止不像有智力问题,就跟他进行深入交谈,那男孩终于说出了真相。原来他做过一次评估,是74分,但是他的老师不相信,让他再来做。小孩说老师希望他得分低,所以他就故意做错。老师问大家如果就按当时的评估结果发出报告，那个案例后果会是什么？

下课后老师跟我说的第一句话是她很忧虑学生对心理学不感兴趣，不少人上课睡觉。我说总体上讲，老师的讲课认真，有激情，问了很多有启发性的问题。学生对一些课不感兴趣也是事实，需要我们好好研究。我说有一个方法可以一试。苏老师问什么方法？我说老师尽量少讲，让学生多讨论，并且让他们动起来。比如今天的讨论的组织方式，可以先让学生报数123456，然后，数相同数字的人站到一起，共分6个组，那么大的教室，一个组占一个角落，不会受到干扰。可以站着讨论数分钟，然后各小组汇报讨论情况。这样会比自由组合好，不会有人不参与。我说这只是一种临场的组织技巧，或叫课堂机智，关键的问题还是教学理念。老师要敢于少而精地讲课，多留时间带领学生讨论一些有一定深度的问题，因为他们都是大三的学生了，再讨论一些常识性的问题没有意义，他们不感兴趣是当然的。我们老师的任务是让学生对这门课产生好奇心，发挥想象力，要做到这一点老师也要发挥想象力。老师讲自己的经验学生爱听，今天那个男孩心理评估的例子很生动很有启发性，说明详细了解被评估者当前心理问题的重要性。我注意到当老师讲这个案例的时候，学生的反应是注意听、有兴趣。如果老师讲自己的研究课题，有情境、有问题，让学生参与讨论，那样能学到解决问题和科研的思路，学生就更愿意听这个老师讲课，更喜欢这个老师。每门课学生都提意见，希望老师这样上课，这对老师来说并不难，但为什么实行起来那么难呢？

十六、为什么不上课也能得高分

(2010年12月6日，星期一，1~2节，逸夫楼508，讲课老师：丁波，题目：医学心理学，心理评估，学生：临床医学专业08级，1、4班)

最近这两次上课老师都提了不少问题，显然老师重视了课堂提问。今天首先提的问题是：作心理评估为什么对评估者在知识和素质上要有一定的要求？提出问题后，老师说你们先看书3分钟，然后讨论。几分钟过后老师说，好，请大家回答吧。

一位穿黄外衣的女生站起来说："为了更好地沟通。"

老师："测验、问卷本身不需要沟通，但是让被试者重视则要有沟通技巧和素质。有的被试者不重视心理测验，他回答的问卷一看就不能用，每个题的答案都是一样的，说明他在敷衍。所以需要跟他沟通让他重视。"

一男生："有专业知识提问才有目的性，还有，编制问卷也需要专业知识。比如创造力水平的测验问卷。"

老师："第一要知道什么是创造力，现在也没有定论，创造力测验的方法很多，也很混乱。"

一女生："评估者要有精神病学知识，因为需要判断被试者是否正常。"

老师："主要是为了判断是否适合评估。对结果的解释也很重要。如果是精神病发作者，任何心理评估都没有用。"

一女生："掌握专业知识有利于聚焦问题、关注到重点和评估工具的使用。"

这时老师又提出一个问题："心理评估哪点体现了高智力活动？"

一男生："对被试者的行为、表述进行推测，得出结论，需要高智力的活动。"

老师："好。评估的问题都是间接反映被试者的心理活动，需要评估者进行推理、判断。所以，要求评估者有高智力水平。——那么，为什么还要求评估者有自我认知能力？"

一男生："为了不受别人影响，有时候是当局者迷，容易出错，为了预防误差以及主观因素对评估的影响，所以要求评估者有自我认知能力。"

下面讲心理测验的概念。PPT打出了定义：根据一定的法则采用数量化手段，对心理现象、行为进行测量。心理测量量表是其中的一类，它们是精心选择的能正确、可靠反映心理特点的问题或操作任务所组成的一套测试工具。

介绍完心理测量的概念以后，老师又提问："何谓正确？何谓可靠？标准是什么？"没有人回答。

老师说："正确就是效度，可靠就是信度。你们学统计了吗？这些都是统计学的概念。"

信度效度的问题搁下不表，老师简要介绍心理测验量表的形成与发展。然后用比较多的时间专讲心理测验的标准化问题。心理测验的误差是必然的，关键是如何预防误差以及如何解释结果，这就涉及信度和效度。信度是测验结果的一致性，表示稳定和可靠的程度。

这时老师又提一个问题："同一个群体今天测验，明天又重测行不行？"

学生："不行，因为被试者可能还是记得昨天的答案。"

老师又接着问："那么间隔一年重测好不好？——不好，一年的时间太长，心理品质可能改变了。一般是两个月，2～12 周。"

效度是测验可以测量的对象的真实程度，表示有效性和正确性。它的测量结果与韦氏量表相比较，可以说韦氏量表就是金标准。老师在黑板上画了三个圆表示靶子，边问边画："第一个靶子上的落点集中但离靶心远，说明什么？"学生回答："是信度好效度不好。"老师又问："第二个靶子上的落点很分散，说明什么？"学生回答："是信度效度都不好。"第三个靶子上的落点都集中在靶心，——是信度效度都好。

讲完信度和效度概念以后，老师提了一个问题："一个被试者评分是 16 分，请问这个结果好不好？"

一女生："那得看跟谁比，其他人怎么样？"

老师说："假定其他人 20 分，你只能说他的得分比其他人低，但不能判断他不好或不正常。"

学生："必须有一个比较的标准。"

老师说："很好，这个标准就叫常模。"

老师通过跟学生讨论心理评估得分引出常模的概念。她先讲什么是常模团体。常模团体是由具有某共同特征的人组成的一个团体，或是该团体的一个样本。常模团体的分数分布是解释测验分数的基础，这就是常模。以常模作为解释分数的标准时必须考虑常模团体的构成。我们做科研时可以不用常模，但是给个人评估分数时必须用常模。常模必须每隔几年就要修订。

老师的讲解深入浅出逻辑性强,举例得当又很有趣,有时我被老师生动的讲课吸引,忘了自己的角色,还真把自己当成学生了,在那儿认真做笔记,还想提问题。有时还替老师着想,在什么时候该提什么问题。我又想,这么生动的讲课为什么还会有不少人睡觉?我想原因还是没有真正吸引学生的注意力,没引起他们的兴趣和好奇心。这种情况比较普遍,在其他的课堂上也会发生。怎么办?我们应该研究一下学生的心理。他们有的人经常不来上课或者上课看其他书或者睡觉,考试的时候却能得一个不错的分数,说明学生自学能力很强,还说明有些课真的可以少讲或者不讲。

若要让学生对这门课感兴趣,就要讨论一些能激发他们想象力的问题、比较有难度的问题。就像维果茨基说的,提的问题不要跟在学生智力的尾巴后面,要高于他们的智力,让他们花点力气才能解决。这样他们会感到有创造的张力、愿望和追求。我想,常模在心理学中具有理论的和实践的重要性,很多学者为制订、引进、修订常模做出了贡献。但是常模是怎么来的学生并不知道,何不就常模问题来一个深入的讨论呢?可以让学生分组讨论一项制订常模的研究设计,然后大家交流,老师在其中引导。通过这种练习,让学生了解如何提出问题,如何做研究设计,如何选择研究人群,如何确定样本量,如何选择研究指标,如何收集资料、统计分析和得出结论。初次讨论这样的问题学生肯定会有很多不知道的东西,需要老师指导,因为这只是模拟做研究设计,不在设计做得好不好,而是要体会过程,懂得科学研究中最基本的东西是什么,这样的练习做多了,自然就会逐渐养成科学研究的思想方法。

十七、讲心理测验不如让学生亲自做

(2010年12月8日，星期三，1~2节，逸夫楼508，讲课老师：丁波，
题目：医学心理学，应用心理测验的基本要求，
学生：临床医学专业08级，1、4班)

上次快下课的时候老师提了一个问题让大家思考，那是书上的例子：一个85岁的农民和一个85岁的教授，IQ都是85分，为什么说教授的脑子可能有退行性变？一个同学说一个人的智力与文化背景有关，那个教授的教育水平和社会交往应该有利于他的IQ得分，85分对他来说是太少了。老师说："在解释IQ得分的时候应该全面了解相关信息才能得出正确的结论。那教授IQ85分，不要简单下结论，应该全面了解情况再说。"

今天主要讲解智力测验方法和人格测验方法，常用的智力测验量表是斯坦福－比奈量表、韦氏智力量表；常用的人格测验量表是明尼苏达经验效标人格问卷和艾森克因素分析人格问卷。老师比较详细地介绍了韦氏量表的结构和使用方法。为了保密，这些量表不能拿出来给大家看，所以讲起来很枯燥，很多学生趴在桌子上，或者看其他书。老师走到一个学生面前问他在看什么，那个同学说在看免疫学。

课间休息的时候，老师跟我说："我很着急呀，学生不爱听，肯定是老师讲课有问题，可是如何解决呢？"

我说："我们需要好好研究研究。老师的提问应该有一定的难度，这才有刺激性，才能激发学生的想象力。可以让学生做一个心理学调查研究的设计，然后让大家讨论，老师做点评，让他们了解科学研究的思路。学生爱听老师讲他们自己的经验，你就多讲，书本上的东西能少讲就少讲，让同学去自学。"

老师说："让我考虑考虑，也许需要编排设计一个有关研究设计的讨论。"

我说："老师跟学生一起讨论问题，不仅学生可以相互启发，老师

也会从中受到启发。"

俗话说，百闻不如一见，百见不如一做。我想，这堂课既然是讲心理测验方法，就让学生相互做测验吧。如果为了真的量表的保密，那就专门为了学生课堂实习设计一个简单的模拟的量表，让学生做一做，亲自体验，印象会很深的。

少讲多做，从情境出发，这就是我的信念。知易行难，但总得行动起来。

十八、是否有你妈妈的身影

(2010年12月13日，星期一，1~2节，逸夫楼508，讲课老师：赵平，题目：医学心理学，心理治疗，学生：临床医学专业08级、1、4班)

今天第一个来到教室的是一位女生张芸芸同学，利用上课前的时间，我跟她交谈了几分钟。我问她对这个课有什么感想，她说："您是指老师的讲课还是指心理学本身？"

我说："老师的讲课。"

她说："有的老师讲课很好，经常提一些有趣的问题，对我们有启发。"

我问："你对心理学感兴趣？"

她说："心理学本来应该很有意思，过去零碎地看过一些心理学方面的书，但不系统。"

我问："为什么那么多人不来，还有不少人睡觉？"

她说："其实，我们同学都挺优秀的，都有想法。因为心理学不是主课，老师讲的内容跟临床联系不多，所以同学不太感兴趣。"

我问她有什么建议，她说："心理学不难学，有的内容可以自学。希望老师多给力，让课堂产生火花，让课堂活跃起来，打破沉闷的气氛。"

从张芸芸同学的谈话，我看出我们的学生真是很有想法，你看，她说让老师给力，让课堂产生火花，说得多好啊！那么，老师的推力是什么呀？值得好好研究。

今天讲心理治疗，老师先交代概念。心理治疗就是用心理学的理论，以医患关系为桥梁，用一定的方法影响改变来访者的感受、认识、情绪和行为，从而调整个体与环境关系，使其达到和谐的平衡。老师又打出一个英文的定义，让一位女生朗读并翻译成中文。其中有一句话是 Make the visitor understanding about themselves and make change in their lives.（让你的来访者懂得他们自己，并在生活中改变自己。）老师说这句话最重要，很简单，希望大家记住。黄帝内经讲阴阳五行，19世纪麦思麦发明催眠术，20世纪弗洛伊德创立精神分析法，这些都是心理治疗发展史上的大事件。弗洛伊德年轻时到法国进修神经病学，一次聚餐时偶尔听老师说，他的病人都与性有关。这句话启发了弗洛伊德。他回到奥地利，看了一个女病人，18年的焦虑症，经了解知道她结婚18年仍然是处女。赵老师说他到弗洛伊德的故居参观，弗洛伊德曾经在森林小屋住了两年，每天早晨坚持记录夜里所做的梦，那就是后来写出的《梦的解析》。后来做精神分析的心理医生也都效法弗洛伊德每天记录自己的梦，可见其影响之大。精神动力学派主要的工作就是讨论梦。

这时老师突然问一个问题：你们看过《盗墓空间》电影吗？一位女生说看过，老师让她讲一讲故事梗概。这位学生讲："那是一位母亲丢失了自己的孩子，到警察局报案，警察帮她找到一个小孩，但不是她的儿子，可是警察说就是他，妇女坚持说不是，最后警察竟说她是精神病，强行送进精神病院。这个故事告诉人们，看病，特别是心理疾病一定要在自愿原则上，不能强迫。"

接着，老师介绍了："弗洛伊德身患口腔癌，做了33次手术，最后由他的助手给他服了吗啡而得以安乐死。朝阳医院目前有一个汶川大地震的受难者，只存有心跳、呼吸的植物人，已经用了250万元，对这样的病人应该采取何种措施，涉及伦理、法律和心理问题。大家也可以考虑一下。"

躯体疾病需要心理治疗的配合，社区医疗也需要心理学。在讲到心理治疗的性质时，老师让一位同学谈谈心理治疗与躯体治疗的区别。

那位同学说："心理治疗不涉及器官躯体，医学治疗的主动性在医生，心理治疗的主动性在病人。"

老师说："很对，这就是心理治疗病人有自主性。心理医生教他意识到问题，让他自发转变。"

这时老师举了一个自己在心理门诊看到的病例，一位丧偶的中年妇女陷入深深的悲痛不能自拔，无论如何开导都无济于事。偶然间在说到她的母亲时，她说她的妈妈非常固执，这时老师似乎有了灵感，就抓住了这句话，问她："你是否身上也有你妈妈的影子呢？"一句话帮她解决了大问题，于是她似乎开了窍，自己发现了问题所在，告辞的时候她的心情轻松了很多。

这样的例子能吸引学生，我听得也很感兴趣。我想，为什么同学不提一些问题与老师讨论呢？其实我也有问题想问呢。比如，为什么老师会认为病人说她的妈妈固执这句话很要紧？为什么老师对这句话敏感？为什么老师会问你是否身上也有你妈妈的影子这样一个问题？为什么一句话就能解决心理问题？或者，见到学生不提问题，老师可以拿这些问题问问学生，让他们脑子动起来，让课堂气氛活跃起来呢？

老师又提了另外一个问题："假如你是心理医生，一位家长请你到他家为他的女儿做心理治疗，甚至给你很高的出诊费，你去不去？"有人说应该去，有人说不应该去，一位男生说："精神病人不能明辨任何事情，去了也不会有结果。"这时老师解释说："精神病人不都是发作性的精神分裂症，也有轻型、迟滞型和人格障碍。不在发作期他们还是清醒的，所以《精神病法》说精神病人看病要自愿。"老师接着又问，"精神医生能否在多地点执业，即到不同的地方看病？"老师解释说，"应该不允许。到家里也不允许，孩子会把你看成是他家长的联盟。"

最后20分钟老师放了一段关于催眠的教学视频。一位受试者经过准备、诱导、催眠等阶段进入催眠状态，可以做到让浑身肌肉软得像面条，硬起来以至将身体驾到两个板凳上，身体躯干悬空还能保持挺直。更有甚者是一个小伙子站到受试者的肚子上他还能不垮下来，确实很神奇。我想，看完录像学生一定有很多问题要问，或者老师会问学生很多问题，但是可惜放完录像下课时间到了，老师宣布下课。

催眠术的神奇之处在于：为什么催眠师的语言就能使人产生不可

思议的反应？是什么力量在起作用？催眠术是科学还是属于巫术？据说过去的巫术也能催眠，那么它是科学还是迷信？

我一直在听心理学课，感觉心理学很有趣，有时它讲得通俗易懂贴近生活，有时又高深莫测玄而又玄，我不知道是你对它提出很多问题，还是它对你提出那些既涉及科学的问题，又涉及哲学的问题。我真希望课堂上让学生讨论这些问题，扩展一下思路，不需要得到正确的答案，也不可能都有答案；仅仅讨论问题本身就能指引思维向着深邃而广阔的方向发展，就能启发想象力。这样的讨论一定是有趣的、热烈的、吸引人的。

十九、同学开始提问题了

（2010年12月15日，星期三，1~2节，逸夫楼508，讲课老师：丁波，题目：医学心理学，心理治疗，学生：临床医学专业08级，1、4班）

老师说今天本应该是赵老师继续讲心理治疗，因临时有事由她代讲，题目还是心理治疗。

首先她提一个问题："心理治疗与聊天有什么区别？"没有人回答。

"你们有没有想过去心理咨询门诊谈一谈？"有人说没想过。

老师说："你们是不是怕人说你有心理问题？没关系，可以去体会一下。"

接下来就讲精神分析治疗法。后现代精神分析学者认为每个病人都有治疗的资源，只不过没有被发现，精神分析师的作用就是帮助病人发现他自己的治疗资源，让他自己改变自我。

精神分析疗法从弗洛伊德开始，建立精神分析理论，以后荣格、阿德勒等进一步发展，大致有三种学说：无意识理论、精神结构理论和人格发展理论。无意识理论讲的是意识、前意识、潜意识，对人的认识比较悲观，把心理问题归结为潜意识；精神结构理论讲本我（ID）、自我（EGO）、超我（SUPEREGO）；人格发展理论讲人格发展的五个阶段，包括口欲期（1岁以内）、肛欲期（1～3岁）、恋母期（3～5岁）、潜伏期（6～12岁）、生殖期（12岁以上）。治疗方法方面主要介绍了自由联想，这是催眠术的改进，诱导潜意识内的矛盾冲突，让病人讲出真实想法。自由联想疗法适用于神经症，而思维奇异、思维破碎的不能用。

精神分析疗法有两个重要的概念：移情和阻抗。移情是指病人把过去的某些情感转移到医生，这是对现实的反映。人总不可避免地将过去的经验和情感反映出来，人总是有移情的，比如，谈恋爱受骗，女方常说男人没一个好东西。移情又分正性移情和负性移情。正性移情表现为顺从、爱恋等，负性移情表现为对抗、厌恶等。还有反移情，就是医生的某些情感转移到了病人身上。这时医生应该避免这种情况的发展，一定要跟治疗督导谈，讨论反移情的产生，要避免失去客观性。研究移情对病人的诊断治疗有帮助，通过移情使病人潜意识中的冲突矛盾痛苦释放出来，医生可以分析判断找出病因。

阻抗是潜意识中对治疗过程的抗拒力，是病人抵抗痛苦的治疗过程的各种力量。阻抗有多种表现形式，例如：不来就诊、回避问题、把怨气指向治疗者或取悦治疗者、遗忘、控制讨论主题、沉默等。如果医生能修通阻抗，病人则会逐渐好转。

老师问大家是否看过《梦的解析》，没人回答，老师说你们可以看看，弗洛伊德是梦的解析大师，那是他的经典之作。人做梦有些是受了刺激，有些是日间活动的残迹作用，有些梦是潜意识的反映。我们关注的是后者。有时一些离奇的梦可能有象征、移植、凝缩、投射、变形、掩饰等作用，反映了潜意识中的二次加工。老师说，你们可以试一试自己记录每天的梦，自己分析，没有对错，有助于了解自己的潜意识，从新的角度看有什么启发。

精神分析的治疗过程包括开始阶段（诊断性会谈）、治疗过程（处理移情、阻抗）、结果阶段（修通、领悟）。精神分析治疗需要长时间的坚持不懈。

第二节课一上来老师就问大家有没有问题。一位男生问："刚才讲到阻抗，如果病人不来了怎么办？"

老师说，病人退出治疗的事时有发生，我们可以联系他，劝他来，如果仍然不来，我们也没办法。这是自主性原则，除非处于危急情况，如病人要自杀，可以采取一些强制的方法，否则不能强制。

另一男生问："潜意识是否真的存在？怎样证明心理医生对梦的解释是正确的？"

老师说："虽然弗洛伊德不做实验室内的实验，但是他有非常丰富的临床经验，积累了大量的临床资料，才创造了精神分析理论。第二个问题，来访者试图与治疗者建立治疗关系之外的关系，即移情，治疗者给他的解释都是基于他的行为表现做出的，所以应该是正确的。例如，投射，一个病人在公共汽车上看人家穿超短裙女孩的腿，自己来看心理医生时，指着医生说'我认为你觉得我龌龊'，他不说自己心里想的而说别人认为他龌龊。这就是把自己的想法投射到医生身上。心理医生知道了原因，下一步就能做修通工作啦。"

一男生问："刚才说的投射是否是治疗师的暗示？"

老师："治疗师不可能暗示病人说那样的话。"

一女生："精神分析法在国内发展的情况怎样？"

老师说，国内精神分析疗法发展很快，很多学者做出了成就。各地有很多培训班，我们北京大学第六医院办的中德培训班已经有十年了，其他学校也有培训班，培训内容主要有精神分析疗法、行为疗法等。

一男生："希望老师说说怎样用精神分析疗法治疗病人，例如恐惧症。"

老师："有一女士害怕马戏团的小丑，为什么？经了解，在她小时候受过一个小丑的伤害，以后一见到小丑就想到过去。挖出了创伤，就是找到了原因，处理掉创伤就好了。"

学生："这是诊断，不是治疗呀。"

老师："与医学治疗不一样，心理学诊断就是治疗。诊断也有治疗的功用。"

这一段师生对话共用了20分钟。这学期我一直在听心理学课，今天同学提了不少问题，跟老师交流，这是开学以来很少见的情景，这才是课堂上应有的表现。课堂交流的目的不在于得到正确的答案，而在于享受交流的过程。提问可以练习思维的灵活性，相互启发，培养想象力。

对想当然正确的东西或习以为常的事能提出疑问，这本身就是想象力的表现。今天我很高兴，因为课堂开始活跃起来了。张芸芸同学给我发来的E-mail也反映了学生的看法。她说："是的，我也觉得今天的气氛好了一些。一门好的课程应该是既有实用性又能够调动大家积极性的。希望大家能够越来越积极，而不只是为了考试被动地学习。"

我想老师未必会想到学生提那么多问题。如果按原计划，老师可能要讲不少内容，现在没时间了，不能讲了，那不是损失吗？其实不然。讲课的伸缩性是很大的，有些书上的东西可以少讲，有些可讲可不讲，让学生自学，老师在课堂上多讲自己的经验或介绍经典的案例，引导大家讨论，才是老师真正要做的事。在接下来的讲课中，老师简单介绍了行为疗法及其代表人物巴甫洛夫、华生、斯金纳、班杜拉等。还介绍了强化（行为习得，"孩子爱哭是爹妈惯的"）、泛化（一朝被蛇咬十年怕井绳）等概念。虽然讨论占用了一些时间，但并没有影响老师的教学进度，这也证明了讲课要少而精、留出时间让学生讨论问题是可以做得到的。

下课后五六个学生围着老师问问题，直到下一班的学生要用这个教室，他们才不得不离去。苏老师颇有感慨地说，"今天学生终于提问题啦，看来如何调动学生的积极性应该好好研究，学生对讲课不感兴趣问题主要还是在老师。"

我琢磨今天学生比较活跃有两个原因，一是老师讲的病例比较有意思，给学生留有想象的空间；二是老师一再问学生是否有问题，鼓励学生提问。希望这种势头保持下去，让我们的课堂充满活力和想象力。

二十、怎样调换视角

(2010年12月21日，星期一，1~2节，逸夫楼508，讲课老师：丁波，
题目：医学心理学，心理治疗——行为治疗的基本理论，
学生：临床医学专业08级、1、4班)

大家都知道人的行为是习得的，行为治疗就是根据条件反射的理

论，通过强化，让病人学习到良性的行为，并固定下来。有两条规律应该知道：①频因律，就是反复刺激，习惯成自然；②近因律，就是刺激与反应在时间上接近，这样行为才容易习得并固定。老师介绍了6种行为疗法，每讲一个疗法都举例说明。

1. 系统脱敏法。老师问："有人特别怕狗咬怎么办？"没人回答。老师又问："没想法还是没啥说的？"于是走到一个男生前，让他说说。那位男生开始说没有想法，老师说："你再想想看。"那男生似乎被逼无奈，就说："越怕（狗）越让他接触。"这一说给大家都逗得笑了。老师接着讲系统脱敏法有两种情况，一是交互抑制法，二是对抗条件法。脱敏治疗有一定的程序，首先是制定问题等级，例如怕狗的程度从最高级到最低级，从看见狗就害怕、听到狗叫害怕、到看见狗的图画害怕、到看见狗字害怕，第二步是放松训练，让来访者放松身心。最后才是脱敏治疗，这是渐进的过程。治疗就从让他先看狗字开始，几次之后他的感觉从紧张到不紧张、能接受，以后逐渐加大刺激的级别，最后达到脱敏，不再怕狗。经过脱敏，那些泛化的刺激反应（低等级的刺激）也被消解掉了。有人怕老鼠也可照此办理。有人有恐高症，就先从一层楼开始训练，逐渐增加楼层，最后达到消除恐高症的效果。

2. 冲击疗法。就是一步到位，怕水就给你扔到水里。怕狗屎就让他想象狗屎。做冲击疗法时一定征得来访者同意、事先做体检、全程观察。

3. 厌恶疗法。同一宿舍的大学生中有一人吸烟，其他人想了一个办法让他戒烟。什么办法？就是在他吸烟的时候给他看死老鼠，很令人恶心，以后一吸烟就想起死老鼠，索性就不吸烟了。

4. 标记奖励法。为了鼓励小孩早晨按时起床，妈妈给他小红花以资奖励，小红花有什么用？它应该是奖励标记，比如得10朵小红花带他去一次麦当劳。

5. 放松训练。降低机体唤醒水平，要注意渐进性、自主性。

6. 生物反馈法。老师问：你们知道测谎吗？就是用生物反馈仪（实际上就是生理测量仪）测量被试者的生理指标，用以反映当时的机体状况。老师说她有一项《非药物治疗高血压》的科研课题，观察意识活动对机体的有效干预，当降低生理活动或增强生理活动会有什么生物反馈表现。

老师说行为治疗都有指导手册，一步一步该做什么规定得很详细。这时已是 8 点 52 分，老师问大家有什么问题，没人提问，老师就宣布休息。学生有的出去打水，多数趴在桌子上休息，也许睡着了。教室里很安静。我在座位上看着那些学生，心想，转眼又到期末了，是否昨晚开夜车又到很晚呢。回到刚才的讲课，老师举例不少，有时简单地问问学生，大概都没打动他们的心灵，不像上次讲课时那样学生踊跃提问。我想可能真像老师说的，没有想法或没啥说的。不过我认为，最后这个非药物治疗高血压的课题应该讨论一番。老师只是说她有这样一个课题，但没有交代研究的目的意义，也没说研究设计。我觉得这是一个很好的切入点，因为它是心理学家介入临床疾病的治疗，是心理学在临床医学上的应用，是心理学与医学临床的结合。围绕这个问题可以进行比较深入的讨论，老师可以引导提出问题：高血压是否真能用心理疗法就能治愈？目前认为一旦确诊高血压，就应终身服药，那么心理疗法真能挑战这个理念吗？应该采取什么研究类型？采用什么研究指标？选择什么研究人群？需要观察多长时间？预期的结果是什么？如果让学生讨论一下这些问题，对他们一定会有帮助。这就是让他们设身处地想一想，如果我是研究人员，我应该怎样考虑我的研究课题。这就是换一个视角进行思考，这就是想象力。

换一个视角，还可以让学生扮演角色，两个人一组，一个当病人，一个当心理医生，把老师讲的行为疗法分头过一遍，也能给他们留下较深的印象。

第二节课讲人本主义疗法。美国的两位心理学家马洛斯和罗杰斯是人本主义疗法的奠基人。人本主义疗法是非指导性疗法，是患者为中心疗法，也是以人为本的疗法。这种疗法认为人是理性的、有能力的建设者，可以自我导引、自我实现。老师举了一个例子，她在心理门诊遇到一位来访者，声称自己很苦闷，但世界是美好的，不要管他，又说他在扼杀自己；他的出路就是出国，但事实上他又出不去，理想与现实分隔。

对这样的来访者一定要注意：①治疗者的态度与治疗关系，要真诚一致，无条件地积极关注；②要有同感的了解，站在来访者的角度，坚持以人为中心，心理治疗是转变的过程；③非指令性技巧。

　　老师又举了一个例子说明这些关系。一位来访者说了一段心中的苦闷，你可以重复一句他的话，反问一下，就是顺着来访者的话说，这叫共情的反馈。在讲心理咨询的时候，老师又举了一个倾听来访者宣泄的例子。他一口气讲了50分钟，拒绝任何插话，最后心情放松了，出去跟别人说，看人家这位大夫，有水平。其实大夫一句话都没说，只是倾听了他的宣泄。还有一个来访者领悟的例子，一位男性同性恋，结婚后总觉得伤害了别人，又说伤害了妻子，压力很大，甚至要跟妻子离婚。治疗师问他到底伤害了谁？那位来访者一下子领悟了，开窍了。到底是怎么领悟的？老师没说，同学没问，到现在我还不太明白。

　　在总结心理治疗和心理咨询的时候，老师说，不管各个流派的观点有何不同，在心理治疗中都有共同的因素，就是治疗关系要积极，治疗师个人素质、对人的态度很重要；不论用什么方法，重要的是来访者接受；时机很重要，要抓住时机。

　　老师今天举了不少有趣的例子，我注意到学生很爱听，但是一让他们提问题，又没什么问题，参与度不高。让课堂扰动起来、让学生参与进来应该是我们老师要研究的课题。老师不能仅问学生有没有问题，准备回答学生的问题，如果学生不提问题，那么老师就要给学生提问题，启发他们的想象力，让他们产生好奇心，让他们的思维扩展到课本和讲堂之外，让他们学会对课堂上发生的事或者生活中与讲课有关的事，甚至一些细节提出问题，这就需要老师的想象力和敏锐性。

第四章　医学心理学听课笔记

二十一、听出弦外之音

(2010年12月22日，星期三，1~2节，逸夫楼508，讲课老师：张兰，题目：医学心理学，医患关系，学生：临床医学专业08级、1、4班)

今天张兰老师讲医患关系，老师举例：人民日报有文章说医患关系急需改善，一个省报说医患关系水深火热。老师让学生说说对目前医患关系的想法，没人响应。老师说你们比较沉默，要学会交流，特别是将来你们都是临床医生，不会交流不行。医患关系涉及卫生法学、伦理学、心理学。比如我们有一位实习医生给一个女病人听心音，病人的丈夫知道了以后，指责那个学生是对他妻子性骚扰，学生感到很冤枉。这件事给我们的教训是在给女病人检查身体的时候，一定要有一个女性医护人员陪伴。

老师就医患关系提了很多问题，例如："是否要求病人做些什么？"一位男生说："要尊重医生，特别是服从医嘱，按时吃药。"一位女生说："给病人解释药物的原理，他也听不懂，很占时间。"老师又问："如果你是病人，你对医生有什么要求？比如你给别人开了普罗西丁，病人会问：'我是抑郁症吗？'这时你应该怎么回答？病人的期待是什么？"

一位女生说："病人多，一个上午要看40个病人，没有心情说话。"另一位女生说："有些事比如药物的作用机制，病人听不懂，言多语失，讲多了也没用，如果引起不良后果反而不好。"老师说："病人要求从医生那里得到更多信息，我们怎么处理好这个关系？"

在讲到医患关系的模式时，老师说有三大模式：主动-被动型、指导合作型和共同参与型。老师说她更倾向于应该是共同参与型。她说30年来她在心理门诊看过上千来访者，每次至少要谈50分钟，记录了上千人的生动的案例，跟他们共同经历了痛苦和喜悦。她说在与来访者的接触中学到了很多东西，学会了如何做一个心理医生。她认为理想的医患关系应该是相互尊重、互相帮助。

在讲交流技巧的时候，老师说要学会听出弦外之音。例如，有一位来访者问医生："假如他是同性恋，别人会怎么看他？"这时你不要点破话题，不要问他："你是吗？"或者问他："你是什么意思？"应该进一步交流。有一位来访者说她腰背痛，问病史的过程中，她说人活着没意思，这时医生要警惕她是否患了抑郁症，因为抑郁症有时表现态度消极，有自杀念头。有的时候来访者的表现是沉默，实际上他可能在整理思绪，或者克制情绪，医生不要打断，要等待。有人怀疑自己是艾滋病，因为一次错误行为，就背上了思想包袱不能解脱，检查多次都说没感染，但是他还是不放心，来看心理门诊，说话吞吞吐吐，有难言之隐。这时医生应该语言积极，给病人信心，让他知道心情对恢复健康至关重要。

老师说心理学实用性强，重要的都讲了，用不上的也不花时间了。老师问同学有没有问题，见大家不提问题，老师就安排下一次课的内容。下一次课是"角色扮演"，让学生自编自导自演医患关系。最后还有一次总复习，老师将串讲这学期的心理学讲课内容、提重点，有助于同学们复习考试。我想有这样的机会，不来上课的同学一定会来。

今天老师有一句话给我的印象特别深，就是听出弦外之音。有时病人出于某些顾虑，例如害怕丢面子，有些事不好意思、不愿明说，但又想告诉你，他会表现犹疑、吞吞吐吐、欲说还休，这时你作为心理医生就应该保持专业的敏感性，能从只言片语中听出病人想说的真话。这是心理医生同时也是所有医生应有的素质：倾听、理解、关心、爱护、同情心。

老师讲课结合实际，举例生动，可是课堂还是比较沉闷。我想主要原因是没有需要动脑筋的问题可以讨论。老师多次让学生提问，但他们的心并没在这里，而是在免疫学，很多人在看免疫学。为了课堂活跃起来，老师可以助一臂之力，就是提问。"让你们提问题你们不提，好了，我来问你们！"我想最好是从不同的视角提问题，不要局限在复习或记忆心理学知识方面。

医患关系是否真的很糟糕？问题从何时开始变得严重了？为什么会成为舆论的焦点？进一步的发展趋势如何？采取什么对策改善医患

关系？医生的交流技巧能根本解决问题吗？应该从什么角度分析医患关系问题？如果你是当事者，你用什么方法处理好医患关系？医生的态度、医疗技术、交流技巧三者哪个更为重要？

医患关系不仅仅是个人的关系，也不仅仅是心理学和交流技巧的问题，实际上它反映了当前社会经济发展中人与人的矛盾。贫富差距加大，穷人对富人的不满，对看病难看病贵的不满，对服务态度职业作风的不满，还有病人或家属缺乏法律知识等，造成了医患关系的紧张，以至于我们的学生刚一进医院，老师就告诉他们要保护好自己。其实保护好自己的最好办法，对医务人员来说，就是全心全意保护好病人，要同情、爱护、关心、帮助他们，少花钱多办事，又好又省地治好病人。我们的学生如果都能学会这样的思考问题，有这样悲天悯人的胸怀，再加上心理学理论和交流技巧的训练，就能受到病人的尊重和爱护。我们北大第三医院的马庆军教授就是这样一位医生，是我们学习的榜样。

二十二、学生表演医患关系

（2010年12月27日，星期一，1～2节，逸夫楼508，
老师：张兰，医学心理学，医患关系——学生表演，
学生：临床医学专业08级，1、4班）

今天的安排是用两个小时的时间让学生做角色扮演练习，目的是体会医患关系。8点15分学生开始准备上台表演。大约有十多个节目，有的节目参与的人多有的人少。表演题目是：①医者仁心；②王新宇的快乐诊所大冒险；③红包；④心脏外科病房；⑤第二种医生态度；⑥一个私人诊所……

老师点评："同学从多元、多层次分析，从自己的角度思考，拓宽思路，反映各种现实，把学到的理论应用到实际中，这些成绩是值得称赞的。表演中也反映了很多社会不良现象，对于那些不愿见到的现

象怎么办？需要探讨。你们的表演不管是否成熟或幼稚，但都是你们经过思考的，表现了你们的才干能力和想象力。你们可以跟已去临床医院实习的师兄师姐交流，他们可能遇到的事情多了，看看他们有什么体会。你们演练过，以后遇到那些情况心理上就有所准备。在中国文化传统中，医生的地位不是这样。你们应该考虑如果自己是医生，应该做些什么？如果你是医院或卫生部门的管理者怎么改善目前的医患关系？"

我的思考。通过学生的角色表演，可以看到学生眼中的医患关系存在的问题，反映个别医生的问题：冷淡，收红包，技术问题或责任心问题导致医疗事故。反映个别病人或家属问题：有钱人趾高气扬，普通人看病难，不懂法律，殴打医生，暴力侵犯。

表演就要有编剧，要排演，就需要思考。通过这次表演活动，学生思考了医患关系的问题，他们看出当前某些医生的不良态度作风，给以批判，而不是帮助他们辩解；对普通人看病难给以同情；也讽刺了那些暴发户那种"有钱能使鬼推磨"的庸俗心态。这些都说明学生的思想在走向成熟，有一定的分析能力。从学习心理学的角度看这次表演，如何体现临床实践中医生与患者交流的重要性、如何正确使用交流技巧、如何解决病人或家属的心理问题表现得不够。当然医患关系问题不仅仅是人与人交往问题，它反映了社会经济发展中的矛盾。不能强求在几分钟的表演中能反映这么大的问题，但如果能考虑到深一层的原因，对学会分析问题是会有帮助的。从大的社会背景中思考会让你心胸开阔，增强责任心和同情心。

我的建议。角色扮演这种方式用在课堂上对于调动学生的参与很有帮助，应该在尽量多的讲课中运用。今天十几个小表演都是围绕一个主题，就显得单调和重复，不如把集中在一次课（两小时）多人表演分散到多次课上，每次请少数学生就某个主题准备一个表演，这样既可以活跃每次的课堂气氛，又可以加深对课程的理解，比如心理测验、心理咨询、心理治疗都可以让学生分别扮演心理医生、来访者和家属，我想那样效果会更好。

第五章 我看 PBL 教学

一、第一次讨论提了 40 多个问题

(时间：2011 年 9 月 15 日，星期三，1：30～3：30，
地点：逸夫楼 305，免疫学系，
题目：新生儿溶血讨论 1，老师：王丽，
学生：基础医学专业 09 级，临床医学专业 09 级——1、2 班)

基础医学院教学改革这学期要在上学期以问题为中心的教学(PBL)试点的基础上，扩大范围，开 10 个专题讨论课。从 8 月底开学以来到现在已经讨论了 2 个课题，今天是第 3 个课题的第一次讨论。全班 104 人分成 9 个小组。学校在逸夫楼专为 PBL 讨论课开了专用小教室。我提前来到 305 教室，坐在靠墙的一把活动扶手椅子上，向窗外望去正是体育场。学生陆续来了。老师来了。桌子围成长方形一圈，老师坐在一侧，学生分列两旁。每人都有笔记本电脑，有的在接电源，有的已经在上网查看。1：30 上课。老师首先让大家自我介绍，因为小班上课，每个题目组都是临时组合，这个班一共 11 人，5 女 6 男，来自基础医学院和临床 1 班。各自介绍了姓名班级以后，老师让选出今天讨论会的主持人和记录人，问谁没当过，8 个人都当过了，只有 3 个人还没当过，其中一位女生举手说让我来当主持吧，另一位女生说我来记录吧。于是主持人宣布开始讨论。

这次讨论会用了两个学时，主要是学生围绕给出的病例提问题。病例是新生儿溶血症，其实不应该先给出诊断，这样可以让学生考虑诊断和鉴别诊断，先给出诊断就没有悬念了。主持人很有水平，掌握讨论有分寸，到什么时候该说什么话很有办法。今天大家提出了大约

40多个问题，主持人说分分类，于是大家想出来一个提纲，按照症状、实验室检验、发病机制、诊断治疗、预防以及现在可以解决的问题等，把这40多个问题重新编排进入几个题目下。主持人又引导大家讨论现在能解决的问题，个人发表看法，问题得到解决。

记录人打字很快，这边说着问题，那边屏幕上一行一行的文字就出来了。她不仅打字快，头脑也很快，一边打字一边参加讨论，她说她就曾经是一个新生儿溶血症的患者，是Rh血型不合，经过换血治疗很快就好了，也没有后遗症。因为有这个经历，所以她对新生儿溶血这个题目很感兴趣。

讨论临近结束，主持人说下去大家查资料，把答案贴到网上，那么应该有一个信箱，记录人几乎同时就把信箱和密码打出来了。

整个讨论老师没发言，只是听大家说。最后结束时说了一句话："今天讨论很好，该提的问题都提出来了，我发现男生发言不太踊跃，下次男生要多说说啊！"3：30下课。

课间休息的时候我问老师："有的小班指导老师不是这个专业的老师，是否对上课有影响？"王老师说，"不会，准备的时候就强调，老师就是听，尽量不说话，让学生去发挥，这就是能力的培养。"

我对这次课的看法。大家发现问题，讨论解决，是很好的方式，当时不会的下去查资料，这就是能力的锻炼。"老师少说学生多做、从案例出发"做到了。质量如何还需要分析。

二、老师的四次发言

（时间：2011年9月19日，1：30～4：30
地点：逸夫楼305，老师：王丽，
题目：新生儿溶血讨论2，
学生：基础医学专业09级，临床医学专业09级——1、2班）

第二次讨论课换了主持人和记录人。今天的任务是讨论上次归纳出的问题的答案。进行得很顺利，没有什么争论，多数问题都是从网上查到的。最后主持人让老师讲评，老师说："溶血类型及诊断依据同学都提到了，讨论问题很集中，没跑题，扯得不远，该讨论的都讨论到了。我这里有一个教师指导手册，上面说的跟你们说的一样。大家讲得很好，很全面，我没有补充的啦。希望每个人都积极参加讨论。"

除了最后的结束语，在讨论中老师还有四次简短发言。

第一次是在2点钟，老师说，讨论了半个小时了，还有男生没发言，主持人可以关照一下。于是下一个问题，主持人客气地询问一位男生："某某同学请你说一下好吗？"那位同学回答问题很自然流畅，说明他也一直在听，只是不愿意主动说话。

老师的第二次发言是在2：24分，学生讨论为什么新生儿溶血容易发生在第二胎，为什么第二次早孕反应强烈。一女生说："是否有记忆细胞问题，我猜，但没看到文献。"这时，老师说："大家回忆一下，我们在免疫学讲过，第一次反应以IgM为主，第二次以IgG为主，有免疫记忆和强化作用。下去好好复习一下。"

第三次发言是在3：25分，同学讨论具体的换血治疗方法，用什么血型的血等细节的时候，老师说："治疗方面主要了解原理，不纠缠细节。"当主持人问："预防措施为什么要给孕妇注射免疫球蛋白？"老师问了一句："对这个产妇合适吗？"

第四次，3：34分，老师说："大家讨论够多啦，可以确诊了，注意解释输血的原理。"老师的提醒把大家从讨论治疗细节引回到诊断。没等大家说，记录人就飞快地打出：Rh阳性新生儿溶血症。

最后，有一位同学问如何考试。老师说可能是两个案例讨论以后，有半个小时的考试，学生说希望考试也来个改革，如果考试还是死记那些东西，就失去PBL教学的意义啦。

我的想法。PBL教学是新事物，老师和同学都没有经验，但是今天、还有上次的讨论让我很受鼓舞，我一直希望我们的课堂"少说多做从案例出发"，今天我看到了。虽然还有不少问题需要研究改进，但把课堂完全交给学生，让他们自己主持讨论一个案例，大家主动发言提问，这就是一大成绩。下面我要反映一下存在什么问题，以供参考。

1. 这个病例讨论课题一开始就给出了明确的诊断，这样就没有悬念感、探索感,所以不应该先给出诊断。那些检查结果也可以由老师拿着,随着讨论的进行,让学生自己提出需要哪些检查结果,就好像学生就是医生,他们在开检验单。这就是情境,老师要善于创造激发问题的情境。同样,应该给出一个病儿的简短视频,至少应该有几张照片,先给大家一个感性认识。

2. 查的问题答案多数是从网上来的,与看书没什么区别,是否大家当场先认真看书,把教科书上的东西先搞明白,然后再去发掘案例中的问题?课间一位男生说,讨论肯定是好的,可以锻炼口才、分析问题等能力,但是这种方式的缺点是讨论一个问题,没经过仔细消化就过去了,不扎实。上网查百度或谷歌不算有能力,查一些概念性的问题也不是真工夫。要真正学会查文献,还需要下点工夫。首先,要决定查什么问题,因为一些概念在看书阶段就解决了,在利用工具方面,除了上网,还有传统的工具书是否会用?查完文献要学会写文献综述,是否会写?美国学生写得多、讨论很多,我们缺乏这方面的训练,现在有了这个好机会,应该抓紧。开始的时候要求同学下去查资料,贴到网上,可是我看了305pbl邮箱,看到记录人在讨论会上的记录整理文稿,还有王丽老师的回信,此外,没有任何同学贴的资料。是什么原因?如何督促检查落实任务完成情况?值得考虑。

3. 对每个有疑问的概念都提出来,诚然,可以锻炼提问能力,但缺点是对概念关注得多,对思路关注得少。这两次讨论没有人问这样的问题:这个病最初是怎样发现的?是谁阐明了发病机制?他是怎么想的?现在的机制是否完善?还有什么问题需要进一步阐明?在治疗方面,当初都用过什么方法?为什么会想到用苯巴比妥治疗?怎么证明苯巴比妥对该病有效?同样对光照疗法也可以提出这些问题。最后还应该问一问:目前新生儿溶血的进展如何?还有哪些空白点和矛盾点?如果我是一位新生儿溶血病的研究者,我应该选什么题目进一步去研究?

4. 这两次讨论,主持人掌握得很有度,讨论很顺畅、全面,会场情绪很好。度就是节奏,有节奏就有美感,这是从形式感说的。有这个形式感讨论就有兴趣,让人愉悦。在这种环境下就容易提出有启发性的问题,碰撞出思想的火花。这就是以美启真。

5. 不必规定老师不讲话。该讲还得讲,就像王丽老师做的那样。这就要掌握一个度。否则怎么体现老师是主导是辅导员是讨论会的首席呢?

三、不要为了提问而提问

(时间:2011年9月21日,1:30~4:30,
地点:逸夫楼305,老师:王丽,
题目:新生儿溶血讨论3,
学生:基础医学专业09级,临床医学专业09级——1、4班)

老师说:"今天下午有一个学术报告,大家要去听,所以讨论课必须4点钟以前结束,大家先讨论上次留下的问题,作出确诊、治疗的依据,最后留出一些时间每个人谈谈体会。"新一轮的主持人和记录人上场。主持人说:"我们前两次讨论了新生儿溶血的症状和检验方法,今天该讨论血型和治疗问题。上次提出的第一个问题是:详细的血型检查方法及如何配血。"一位女生说查到三种检查血型方法,一是盐水法,二是聚凝胺法,三是……一男生说他查了临床检验手册,方法描述很详细,太专业了,不太理解。主持人问:"还有补充么?"同学们回答:"没有。"这时老师提了一个问题:"这么多方法,原理是什么?"一个男生回答了一些细节,老师说:"你们要明白这些方法,概括地说,就是抗原-抗体反应,凝集、沉淀。不同的名称反映的是对方法的改良,都是为了提高灵敏度。"

一位女生提出:"是否讨论一下,一种免疫反应,例如抗人球蛋白的滴度变化,可以由多种疾病引起,为什么?怎样鉴别?"另一同学回答:"主要因为免疫反应一般是全身反应,特异性不强,所以很多疾病可以引起同一种免疫反应,不同的疾病鉴别主要根据症状。"

一位女生问:"我们说的血型到底指的是什么?"这问题让我想起上次有人问什么是"滴度"、什么是"效价",其实这些是一般性的概念，没有什么难度，但又很重要，书上都有，只要平时看书仔细一点就都能解决。

主持人把上次留下的问题逐一重复一遍，确认不再有问题或补充意见，就跟老师说讨论是不是结束，请老师做总结。老师说："我们讨论的题目应该叫新生儿黄疸，新生儿黄疸有生理性的和病理性的。新生儿溶血属于病理性的，根据所学的知识，可以判断其原因是Ⅱ型超敏反应。血型检测技术和治疗说得很详细，要提醒大家的是，有些细节可以不去管，但原理要掌握；有些问题查到资料的同学清楚了，没查的人可能不清楚，下去还要学习。"

3：15分，个人总结。还是女生发言积极，5位女生说完了，男生才接着说。

一位女生说："老师提的问题都答不出来，说明学习不扎实，需要好好复习。讨论的气氛有点冷清，压抑，喘不过气来。这种讨论式的学习总体上是好的，把老师讲变成了同学讲。"另一位女生说："我也感觉气氛冷清，不如前几个课题讨论热烈。基础知识还需要用功学，比如Ⅱ型超敏反应、Rh基因等。"一位男生说："我们临床学生对临床的知识比较感兴趣，愿意查临床医学的文献；基础医学的同学对原理、实验可能更感兴趣，所以查资料的重点不同。总地来说查文献的能力都不强。另外，三次讨论可以安排得更充实些，现在有点凑时间的感觉。"另一男生说："有些问题是为了提问题而提的，感觉有点做作，不太好。另外我希望听听大家查资料的方法。"这个问题引起了热议，一位女生说："我上网用'独秀'，很不靠谱，后来知道有'万方'，还行。"另一女生说："上网查资料需要付费下载。"一男生："图书馆参考书很少，现在讨论的课题参考书早就借完了，下一个题目的参考书也都借出去了。"

同学总结用了18分钟，最后老师说："我们的课程评分，主要看参与的能力，是否做好准备，提问题的能力，研讨的精神，团队合作等。我想，没积极发言的同学其实也在认真听。"3：44分下课。

听了同学的发言，我感觉他们对这三次的讨论存在的问题看得很准，跟我想的一样，有些是他们的感觉，我反而没那么强烈。比如感

第五章 我看 PBL 教学

觉讨论会的气氛冷清、压抑、喘不过气，口气一个比一个重，这就提出来一个严肃的问题：如何调动大家的情绪，去参与、去探讨。我也感觉到大家探讨的精神不足，尤其是今天讨论的问题好像跟上次差不多。一个同学说一个问题，另一个同学念一遍下载的材料，完了。为什么探讨不足？因为没提问题。不是提了那么多问题吗？那些问题都是入门的问题，概念问题，不是真正的需要深入探讨的问题。既然提不出能引发思考的问题，那就自然纠缠在一些概念上，"为了提问题而提问"或者"凑时间"。

我想解决的办法可以试一试先学会讲故事，但空想没有用，必须学会去查文献，去发掘这些故事，看看新生儿溶血的研究历史上有哪些奇思妙想让你有所思，有所悟，你把这个故事拿来与大家分享。让大家讨论讨论他为什么会这样想，我行吗？我们是否也能有点奇思妙想呢？还有一个办法是追问证据。我们要养成一个习惯：说话要有证据，跟别人讨论问题也要这样追根究底，就是现在提倡的循证医学。我们讨论新生儿溶血，就要考查现有的医学理论、治疗方法的来龙去脉，每个治疗方法、药物是否都经过验证，是否经过对照试验，是否符合因果关系判断的原则，如果抓住一个问题深究下去，就会感觉到研究工作的奥妙，从中受到启发，开阔思路。

对于这些大三的学生来说，首要的任务是学会查文献写综述，这是研究工作的最重要的基本功之一。同学说不会查文献，从他们所使用的工具来看，情况真是这样。他们说传统的工具书没学过，电子文献数据库也不会用，只会简单上网查一查现成的资料，这是很不够的。

我还感觉到课堂缺少师生对话，老师虽然在关键的地方有所指点，但没有更多的师生对话，也没有学生请老师介绍自己的研究经验和思路。如果强调让学生说，老师尽量不说，那怎么体现教师的主导作用？

四、高血压的话题可以说很多

（时间：2011.9.26日，1：30～4：30
地点：逸夫楼313，老师：宋小燕，
题目：高血压讨论1，学生：基础医学专业09级，
临床医学专业09级——1、4班）

今天讨论高血压，我到313教室观摩。还不到上课时间，老师在讲台上准备电脑教学设备。一位同学发现通常老师坐的正面的位子有人占了，就问老师坐在哪儿，老师说："等你们都坐好了，我找一个角落就行了。"1：30分上课，老师说："我先做个自我介绍，我叫宋小燕，药理系的老师，我将跟大家一起学习高血压的问题，下面请你们各自介绍一下。"一位男生说："我们已经在一起讨论过新生儿溶血，大家都认识了。"老师说："你们相互认识，可我还不认识你们呢。"大家都笑了，于是从离老师最近的那位开始，大家绕圈自我介绍了一遍。之后，老师说："程序你们已经很熟了。"于是推主持人和记录人，一名男同学自报当主持，一名女生当记录人。讨论开始。课题分三次，今天第一次主要是给出病例，大家围绕病例提问题。经过归纳梳理，最后总结出几个方面的问题。

今天老师的风格与另一组的老师不一样，她喜欢发言，但不是讲课，而是随时发现讨论中的问题，随时指点，帮助主持人掌握讨论。同学们提的问题很全面，很多细节问题都想到了，比如为什么量血压要量两次？这个病人为什么有头晕而没有头痛？一位同学从《中国高血压指南》查到量血压的操作规程，他说："要求具体但很繁琐，怎么记？量血压两次的间隔时间资料说法不一，有的说1～2分钟，有的说10～15分钟，到底哪个对？"另一位说量血压要量两次是为了避免偶然性，没什么特别的意义。一位女生问："脉搏跟心率是否一样。"一位同学说："脉搏是心率的反映。"那位女生还是怀疑，说她的脉搏与心率有时就不一样。另一位说："那可能是病理表现，应该去医院查一

第五章 我看PBL教学

查。"老师说："大家回去亲自量一下自己的心率脉搏吧。"

一位同学问："怎样预防高血压？"大家说："少吃盐。"记录人说："高血压本身不可怕，可怕的是并发症，心脑肾的损伤是致命的，这个病人是否有心脑肾的损害呢？"大家又围绕这个问题分析病人的表现，大致的印象是可能有早期的损害，但是还应该继续检查一些指标才能确定。另一位同学说病人喜欢吃咸的，喜欢喝酒，父母有高血压，说明遗传因素和环境因素可能都有影响，我们怎样确定遗传因素？一位同学回答说，有人认为高血压是多基因疾病，但至今也没有结论，检查DNA是否有用，怎么检查？

问题提得差不多了。主持人说大家就从高血压的症状、发病机制、影响因素、检查方法、治疗药物的原理、预防方法这些方面去查资料，下次我们再深入讨论。老师补充说复习一下血压的生理调节，在高血压药物治疗方面，硝苯地平是主打药物，大家可以查查资料，弄清它的机理。

三个小时很快过去了，4点半钟下课。我感觉今天大家提的问题很全面，有一些不足的是没有人注意高血压研究的历史、治疗和预防方法的根据。那位同学说高血压不可怕，可怕的是并发症，这句话深究起来也会有很多话题，比如心脑肾等器官系统的并发症跟高血压有什么关系？是因果关系吗？谁是因谁是果？用什么方法证明这种关系？吃盐多与高血压有什么关系？怎样证明？我感觉同学现在的注意力是在这个病人的诊断治疗方面，老师的教学目的也是通过这个病例的学习，加深对高血压发病机制的认识，因为毕竟现在是基础课学习阶段。我想这些考虑都是对的，但是如果扩大一点想，从培养创造性思维能力考虑，这些大三的学生应该有一些研究思路，考虑问题不要就事论事，应该更深入一层，更宽一点，联想多一点，好奇心多一点，逐步建立一种思维方法，从历史的经验汲取营养，去比较去分析去设想，如果我是一个研究者，我应该如何设计；还要有一种志向，我不仅是个看病的医生，而且还是研究者、探索者和发明家，要为医学贡献更大的智慧。

五、查资料也要有度

（时间：2011. 9. 29 日，1：30～4：30，
地点：逸夫楼313，老师：宋小燕，
题目：高血压讨论2，学生：基础医学专业09级，
临床医学专业09级——1、4班）

今天是第二次，讨论上次提出的问题，确定诊断。上课前老师给每个人发了一张A4用过的废纸，一面是白的，让大家把自己的名字写上，折成三棱形，放在桌上，学生说都认识了，老师说这样便于老师认识大家，这下子真像开圆桌会议了。主持人说："上次大家提了很多问题，归纳成症状、发病机制、影响因素、诊断、治疗、预防几个方面，大家都查了资料，我们先从发病机制讨论吧。"一位叫韩咏冰的女同学马上发言，她说从网上查到了什么什么资料。一位叫王楠的男生补充说他查到了什么什么，跟随其后有多位同学补充念电脑上的文字。有一个女生说："这些资料大多来自《中国人高血压防治指南》。"老师说："你们还可以查得再细一点。"坐在我旁边的一位病生理的老师，也是来观摩的，小声问我："同学查了这么多资料，记得住吗？哪些是重点，应该记住，哪些只需要了解？"我说："现在好像是在比赛查信息，信息是查不完的。基本的概念明白了就行了，可以进一步讨论深层的问题，那才是探索。比如，醛固酮、钠潴留与高血压的关系是怎样发现的？为什么会产生那样的思考？实验设计是什么样的？又比如，硝苯地平治疗高血压是怎样发现的？有哪些故事？一个药物从发现到应用于临床需经哪些过程？这样的问题可以启发我们的思维。"

一个研究者做研究，通常有几个阶段：知识准备（查文献写综述）、提出假说、设计研究内容和方法（找出要研究的问题，准备研究方法，确定是人群调查或是动物实验）、收集资料（拿到证明假说的数据）、分析整理资料（统计分析、发现事物之间联系的线索）、归纳提炼理论（讨论调查研究结果的意义，得出结论）。如果同学把自己看成

是探索者研究者，那么现在的教学活动仅仅是最初步的知识准备阶段。知识的准备当然越扎实越好，但也要掌握一个度，不是越多越好、越细越好，那样会把思维引入钻牛角尖而不能自拔。我主张建构框架学习法，从大处高处着眼，理清大体结构，明白基本概念，找出空白点和矛盾点，以便深入下去。如果陷入信息的深渊，迷糊了视线，就失去了学习的意义。要学会无为无不为，资料查得差不多就行了，重要的是要在历史发展中清理出一条思路，知道往哪个方向探索。这就是把握一个"度"。

过去学哲学，说伤其十指不如断其一指，也是一个度的问题。学习也是这样，有重点地下工夫，不要老在概念上转圈，要多思考。有的同学说高血压是多基因病，还能念出好几个基因的名字，但是想一想，以前学过很多基因的名字，我们还能记住几个？与其知道很多不如彻底搞清一个，追问一下：到底某个基因是怎样发现的、怎样证明的？这样，如果你要研究基因问题，你会知道从何处下手，如果仅仅知道很多基因的名字，让你做，你还是不知道怎么做。

主持人带领大家把上次的十多个问题讨论完，可以说关于高血压的基本知识已经凑得差不多了，大家同意诊断为高血压病。下面转入第三幕：治疗经过。请一个同学念病例，住院治疗的经过，然后提问题，准备下次讨论。老师提一个问题：已经诊断为高血压，为什么还要检查？几个同学先后问：同型半胱氨酸与高血压有什么关系？高血压为什么尿酸增高？肝功能损害是高血压的因还是果？三种高血压治疗药物硝苯地平、替米沙坦、氟伐他汀的作用机制是什么？高血压病人服药是否需要定期更换？医生如何为病人设计应该吃什么药、用多大剂量？问题提得差不多了，老师提醒大家要知道高血压的治疗原则，全面考虑。这时老师建议休息，同学们舒了一口气，讨论了近两个小时，注意力又很集中，有点累，是该休息了。

老师最后跟大家说："回去重点查药物的作用机制，十一放长假，有的是时间，查得细一点。假如你遇到一个高血压病人，怎么解释病生理、药理问题？这个病人做超声心动检查发现左心室功能下降，为什么会发生？详细查一下，病人B超检查有脂肪肝、还有出血倾向，应该往深里查，有些表现可能与用药有关。"

这次讨论课同学做了充分的准备，查了很多资料，发言积极，围绕这个病例考虑高血压的病因、发病机制、诊断治疗和预防，提了很多的问题，又经过讨论，把高血压的知识建构起来，我为他们的成绩感到高兴。我要感谢韩立同学，每次讨论课完了，她都把当天的记录用 E-mail 发给我，让我的笔记更加充实准确。她让我对他们的 PBL 教学提提意见。我说："你们做得已经非常好了，大家围绕一个病例提问题、查资料，在一起讨论，这种学习方式让我羡慕。回想我们上大学的时候，关注的是书本知识，知识面很窄，现在的 PBL 教学让大家在一起探讨问题，自主学习、合作学习相结合，相互启发。从情境出发，从问题出发，这样的学习才符合智力发展的规律。我有一个小小的建议，就是把为了明白概念而查资料，转到弄清一个思路上来。不要陷入信息的海洋而不能自拔，信息是查不完的，要适可而止，多留些时间讨论一个理论一个药物发明的过程，从历史中学习前人的设计方法思维方法，追问过程和证据。那样讨论起来就不是光念网上的信息，而是追根溯源，讲历史故事，这样才会更有趣，更能启发思维。"

六、学生最关心的是 PBL 怎样考试

（时间：2011 年 10 月 10 日，1：30～4：30，
地点：逸夫楼 313，老师：宋小燕，
题目：高血压讨论 3，学生：基础医学专业 09 级，
临床医学专业 09 级——1、4 班）

这堂课讨论高血压的诊断和治疗，主要是几类抗高血压药物的药理机制。大家都抢着发言，念自己查到的材料。有的说药理书怎么说，有人说指南怎么说，老师可能发现同学的材料来源比较窄也比较陈旧，就说："你们报告查到的资料应该说明资料来源，这样别人才知道你引用的文献的可靠程度。"老师说："同学缺乏的是查文献的能力，不知道应该查什么、怎样查。上次讨论有人说用读秀查，不太好，不权

第五章 我看PBL教学

威。"老师又说:"查资料还是先看教科书,然后再往深里去查,看杂志文献也要看权威的,综述之类的。"一位同学说:"我们也不知道哪个是权威。"大家都笑了,老师笑了,但没解释应该查什么工具书,怎样查,查多少年等。也没说怎样写综述。

量血压是这三次讨论课中提到比较多的词,核心词汇,但是有几个同学曾经测量过血压?在这个小课堂应该准备一个血压计,让大家练习,真的像一个医生那样给病人测血压。同样,讨论眼底血管病变可以反映脑血管、肾血管的变化,一位同学念书:"眼底小动脉变细,有反光,有结节……"我想照书念代替不了真实的形态,为什么不让学生当场看一下眼底呢?我想,请一位眼科大夫给同学讲一讲不是很难的事情,不必散瞳,就那样看,实际体会一下,看看眼底的样子,我想,当他们看到眼底那红红的颜色,清晰的血管,谁不会为那美丽而感动,而激动不已?这就是当医生的感觉,应该让学生早点体会到。

一位同学问:"是否应该知道高血压病的诊断标准和治疗方案?"一位同学大声说:"指南上有,11条,一看就行啦!"说明有很多东西都可以自学。

一个同学问医生应该向出院病人交代什么?老师说:"大家可以模拟一下医生和病人。"于是韩立说她当病人,另一个男生当医生,那位医生总是照书念,病人表演得比较好,总是给医生提一些难题。我想,为什么不从一开始就让同学扮演病人和医生,让他们做一次模拟的医生,像临床科室那样,开会讨论如何检查、如何诊断、如何做治疗方案,然后让大家写出一个诊断治疗方案。这样就会把学生的注意力从念书、弄清概念,转移到基础与临床结合的思路上来,不是死念书,而是结合临床病例学习解决实际问题。

大家把自己查到的资料念了,记录人打字虽然很快,也记录不到十分之一二。凑到一起的材料很多,有人说材料太多没法学习记忆,所以就有人建议由记录人整理出一份完整的、精简的东西发给大家。

有同学问老师考试的范围,说如果还像应试教育那样就太没有意思啦,说其实这种讨论本来很好,再用原来的方法考试就是倒退。他们说学生不怕考试,只要给出一个范围。老师说她也不知道考试的方式，不过它愿意把过去的一份"抗高血压药物药理"课件给大家，可能有助于大家复习。于是演示一下这份课件，并嘱咐记录人课后把它发给大家。

PBL教学是否也有少而精的问题？我想是。同学围绕一个高血压病例提了很多问题，查了很多资料，经过讨论丰富了知识，弄清了概念，也理解了一些发病机理和药理，这些都是这次教改的成绩。特别是学生轮流当主持人和记录人，大家争先恐后发言等，锻炼了大家的交流能力和合作精神，把过去老师一人独白转变成学生为主的讨论会，这个改变很有意义。有的同学说虽然感到很累，但很愉快，很有收获。我听了以后想，如何把很累变成不太累，变成一种享受学习的过程？像老子说的"治大国若烹小鲜"，多么潇洒多么愉悦！做到这样一定有一些办法一些诀窍，我想那一定是无为无不为，有所为有所不为。我们的PBL教学是否也可以无为无不为？我想是，我想不必问题越多越好，不必资料查得越细越好。也应该少而精，留出时间让学生去发挥想象力，讨论一下当前这个领域的热点问题，历史上的精彩记忆，那样对学生对老师都会有益处。我注意到，在这三次讨论课中，还没有人提出过当前高血压病的热点问题是什么，也没人讲述历史故事。

学生说他们不知道应该掌握哪些重点，这正是带教学的老师应该指点的地方。由专业老师带一个课题是必需的，否则他怎么知道哪些是必须掌握的重点、哪些可以一般了解呢？听说在教改之初的指导思想是，老师不说话，让学生自己说，自己提炼知识。我想还是让老师跟学生一起讨论一起学习好。我的理念是"少讲多做、从案例出发"，我觉得现在的PBL都有了，需要加以考虑的是，如何发挥老师的作用。老师也要发挥想象力，用你的想象力去启发学生的想象力，这就要研究一下少讲——讲什么。现在案例有了，要思考一下我们给出案例的目的是什么，案例的核心问题是什么？这些恐怕都需要老师的智慧。美国课程专家戈尔说"教师是讨论会的首席，是辅导员、是指导者和组织者"，我们的俗话说"师傅领进门修行在个人"，自学成才固然了不起，但有老师指导也是必要的条件。如果教师不参与学生的讨论，他的角色是什么呢？在总结这次教学的时候，同学说老师跟大家一起讨论，也提出自己的问题，也有不清楚的地方，这样很好，他们喜欢这种气氛。所以我想老师还得积极参与进来，关键的时候要给以指导，这才是老师的正确定位。

七、我为什么变矮了

（时间：2011年10月13日，1：30～3：30，
地点：逸夫楼312，解剖学系，老师：成方，
题目：骨质疏松讨论1，学生：基础医学专业09级，
临床医学专业09级——1、4班）

昨天韩立同学发E-mail给我，说同学对PBL有些想法，收集了同学的一些意见，想跟我交流交流。她说明天的课是新的病例讨论，参加的同学又重新分组，她换到312教室，她说第一次讨论新病例是提问题，估计3点半钟就会结束，我们约好在今天下课后谈一谈。

今天带教学的老师是解剖学系的成方老师，她说："今天是第五个案例，你们已经熟悉了PBL课程进行的模式，先来自我介绍，选主席和记录人，然后给出病例，开始讨论。"正好选上韩立当主席，我心想这下座谈的时间有保证了，果然3点半钟准时结束讨论。

今天的病例是一位68岁女性病人，退休仓库保管员，自觉最近几年矮了7cm，走路不一样了，膝、踝关节疼，停经多年后阴道又有出血，还有食欲缺乏，平时喜静不好动，6年前因患卵巢癌进行子宫附件切除术，检查发现脊柱轻度前曲，照X线片发现T12、W4有楔形压迫性骨折，骨质疏松。

主席说："先用3分钟看材料。"然后一句一句分析、提出问题。老师插话："我建议演一个情景剧，一个男生当医生，一个女生当病人，好吗？这样大家印象会深一些。大家不要拘谨，气氛活跃一点，来回走动也可以。"于是两位同学自动站出来演情景剧。演完，大家鼓掌，老师说他们演得很好，提了很多好问题，大家都点头同意。主席说接下来一句一句分析提问，老师说一句一句提炼不会漏掉问题。一

位女生说:"不要一句一句走啦,先从大面上看,抓住大问题。"于是大家讨论这位老妇人变矮的原因。老师提了几个问题:"正常人是否会随年龄增加身高会变矮?人的中轴是脊柱,正常解剖形态是什么?椎骨椎间盘解剖结构如何?脊柱的关节韧带是怎样的结构?这些都是基础知识,不用上网搜索。"

没有新问题了,大家希望快点公布第二次的材料——化验和影像学检查结果,老师发材料并请两个人念。公布的材料包括影像学的,例如骨关节 X 线片、血清钙磷浓度等。主席问大家,看了这些检查结果是否跟自己想的相吻合?诊断骨质疏松有问题吗?一个女同学说那只是形态诊断,还不是病因诊断。

最后,主席说:"让我们总结变矮的原因吧。"大家你一言我一语,概括成一条线:卵巢癌——卵巢切除——影响内分泌系统——甲状旁腺功能紊乱——钙磷代谢障碍——骨质疏松——骨关节变形、骨折——变矮。老师补充说:"还应该考虑病人胃口不好可能引起营养不足,不好运动晒太阳少,可能影响维生素 D 的形成,不是光靠补钙就能解决的。"最后主席问:"雌激素、孕激素对甲状旁腺的作用机制是什么?影响血清钙的因素是什么?希望大家下去查资料,下次再讨论。"

今天的病例比较单纯,同学提的问题不多,发病机制也容易理解。从老师的提问中我感觉到,好像老师有意让同学多讨论这个病例与解剖学的联系,通过这个病例学习解剖学知识,毕竟这堂课是以解剖学系为主的课。但是仔细想一想,虽然病人的主诉是身体变矮,是形态学问题,但真正的原因是内分泌紊乱所致的继发疾病。所以,值得商榷的是,如果为了加强解剖学的学习,这个案例解剖学的含量并不多,是否可以选择跟解剖学联系更多的案例呢?例如脑血管病或脑肿瘤,病人的表现可能更复杂,涉及脑神经解剖学的知识更多,需要讨论的东西更多。通常学生感到脑神经解剖学比较难学,既复杂又抽象,若选择这方面的病例可能对学生更有帮助。

课后韩立、鲁成、刘旭三位同学留下来跟我座谈。韩立说前两天她听过一位英国教授上的一堂课,也是用 PBL 方式,讲免疫细胞分化,是专家引导学生讨论,大家发言很积极,老师在关键的地方都提出问题，让讨论逐步深入，相比我们的课堂，英国老师在课堂上的作用更大；我们学校要求老师少讲话，让学生自己说，甚至非本专业的老师带教学，这些有点过分。她还征集了同学的一些意见，希望向学校反映，一边说一边打开手机，搜索着同学的来信。

她说："大家认为PBL教学方式好，不是老师一个人讲，而是大家发挥学习的积极性，自己去查资料，然后一起讨论，这样既锻炼了自学能力又锻炼了交流能力。存在的问题是：①案例内容和时间的安排不太合理，星期一第一次提出很多问题，星期四就讨论，时间太紧，资料查得不细，讨论也就不深入；第二次的内容多，又是重点，应该把一些内容分到第一次和第三次；②不要限制老师说话，老师应该起到指导的作用；③有的时候提不出问题了就应该结束，不要拖时间为了提问而提问；④现在发给大家的案例把诊断和检查等资料先告诉大家，这样就没有悬念，对临床思路的训练就差劲儿了，所以不要先给出诊断，应该随着讨论的深入，逐步公布检查资料；⑤考试的压力很大，因为需要查的资料多时间紧，没时间复习，又不知道考试的方式和范围，希望学校的PBL教学不要以考试为导向。"

韩立同学说完，刘旭同学补充说："我觉得现在的PBL已经成了模式化，提问题可以不动脑子，按着提问题的模式，只要换个主语就行了，上一个课题是高血压，今天的课题是骨质疏松，提问题的时候把高血压换成骨质疏松就行了，这样还能得到思维的训练吗？我认为造成这样的情况还是因为考试的压力、导向，所以学校应该想办法改变这种情况。"

我说："你这个'模式化'还真有点哲学味，模式化就是秩序化，没有秩序化需要秩序化，有了秩序化还要突破秩序化，艺术、科学才能进步，人类才能前进。PBL教学如果陷入模式化的圈套就会限制学生思维的发展，真的值得考虑呀。"

最后我问一个问题："怎样培养想象力？现在的PBL教学能否培养想象力？"

鲁成同学说："现在学校有创新人才培养计划，这是给我们提供的一很好的平台。我们缺乏创新设计的思想和能力，这是普遍性的问题，希望学校多在这方面给同学创造条件。"

刘旭补充说："想象力是要有 idea，但是我们从小就是接受应试教育，培养的是高级技工，idea 很少。"

我说："想象力就是想到别人没想到的，奇思妙想，创新。要学会提出问题，做到这一点，没有怀疑的眼光没有批判的思维不行，唯书是瞻不行，一定要学会追问证据追问历史，从前人的经验中学习探索创新的思维方法。"

八、医学生与社会问题

（时间：2011 年 10 月 17 日，1：30～3：30，
地点：逸夫楼 312，老师：成方，
题目：骨质疏松讨论 2，学生：基础医学专业 09 级，
临床医学专业 09 级——1、4 班）

今天是刘旭同学当主持人。老师说讨论的时候要用自己的话，不要照书念或照电脑念。主席建议先讨论绝经与年龄的关系，最后讨论变矮的原因。一个男生查到影响绝经的 8 条因素，一女生查到绝经与更年期的概念有什么不同。老师说这些因素与骨质疏松有什么关系？要抓住核心问题。一位同学又提出一个问题：骨软化与骨质疏松的区别是什么？这位病人是否还有骨软化？一位男生说原因不一样，但 X 线片上的表现一样，有些同学说了各自的不同看法。老师说这个问题还需要下去再查。现在可以总结一下骨痛的原因。接下来老师发第三次讨论的材料——这个病例的诊断治疗和预防。老师说骨发生和骨化过程是这个病的基础，骨化过程涉及两种细胞。如果从基础医学看临床的问题，你就会对病人的表现有更深入的理解。回去好好查查书，形成系统的知识。这些都是基础知识，书上都有。这时一个男生在黑板上画了 3 个脊椎骨的示意图，说明什么是压迫性骨折和楔形骨折。

老师问："钙磷代谢在肠肾骨三大组织怎么调节？不要再重复讨论过的问题啦。"老师说现在可以讨论变矮的原因。主席总结了五个变矮

的原因,韩立又打了一个比方说:"骨骼就好比钢筋混凝土,如果水泥质量不好,混凝土就容易粉碎,骨骼如果无机盐减少就容易磨损,从而导致骨痛、骨折、变形、变矮。"

第三次讨论开始,老师说还是演剧吧,是不是请一位男同学反串女病人,女生反串男医生?于是韩立演男医生,一位男生演女病人,二人走到讲台前开始对白。……

演完剧大家提问题,大致有如:骨质疏松与遗传的关系、过度吃钙片是否能补钙、雌激素的适应证和禁忌证,骨头汤是否能补钙等。今天第三次讨论是治疗与预防,内容不复杂,所以大家提的问题不多。老师说:"请大家想一想,病人提出的问题你们能解释吗?总结影响钙吸收的因素,杨女士补钙的效果,雌激素有用吗?打维生素 D 有用吗?为什么发生转子间骨折?社会环境对她有什么影响?现在我国已经进入老龄化,社会呼唤重视老年保健,怎样保护老年人群的身体健康?作为医生,我们的责任是什么?提什么建议?"

在这两次课上我注意到老师就像同学一样,到必要的时候就插话说一两句,发现同学讨论扯远了,就及时拉回来,同学抓不到要领的时候她就提出恰当的问题,她很注意鼓励和表扬,也有时候点名让说话少的同学发言,还告诉主席一些主持讨论的技巧。整个讨论过程她没有讲课,但是她的及时引导,我感觉对学生是有帮助的。特别是最后老师提到老年保健的社会问题,让同学想一想自己的责任,想一想预防为主,这些指导非常必要,让学生知道光会治疗不是好医生,好的医生要关注社会问题,积极宣传预防为主的思想,宣传自我保健、合理营养、健康的生活习惯,以及定期检查身体,及时发现及时治疗。

九、如何把讨论引向深入

(2011年10月20日，1：30～4：30，地点：逸夫楼305，老师：成方，题目：骨质疏松讨论3，学生：基础医学专业09级，临床医学专业09级——1、4班)

  今天讨论病人杨女士的治疗问题。老师让同学注意思考：为什么易发生转子间骨折？解剖部位在哪里？转子间骨折与股骨颈骨折的区别？一女生查书并给大家看书上的图，一男生说转子间血管丰富，手术后愈合快。老师说："对，转子间骨折不要保守治疗，要尽快手术，手术后大多数都能很快愈合，这跟股骨颈骨折不一样，股骨颈血管不丰富，所以骨折不易愈合。"老师说话很平和，声音不大，但思路清晰敏捷，经她这一指点，好像解剖学与临床的联系一下子就畅通了。一个男生接下来照书念骨折愈合过程三个阶段。

  3：40，老师做总结。老师告诉大家，通过这个病例的讨论，应该掌握几个重点。第一次，要了解脊椎骨、四肢、骨骼的解剖学形态和连接，女性生殖系统的解剖和功能；第二次学习的重点是在影像学方面，从形态变化进一步思考骨发生、骨化、骨折愈合等过程的机制；第三次的重点是进一步思考病史和检查结果，了解钙磷代谢过程及调节，骨、肾、内分泌三大组织系统的调节机制，骨质疏松发生的机制，针对病人的情况应该给以什么治疗，目前的诊断以及病情的预测，病人的康复指导。最后老师希望大家要带着激情来上课，她指出："有的同学在案例讨论中缺乏互动，别人发言时不注意听，自己忙着看电脑查资料；有些同学准备不充分，基础知识忘了，过于依赖电脑。PBL的初衷是让大家感兴趣，现在好像是兴趣不太大啊。"一位同学说："这种形式好，但是我们的时间有限，还要考试，哪有那么多时间准备？"另一位同学说："现在的PBL已经有了一套模式了，三次讨论，提问题、解答问题、查资料，大家都习惯了，好像有点麻木了。"

我想问题的关键是没有把讨论引向深入，似乎还是停留在集体查书念书，弄清概念原理，没有更进一步的批判性思考质疑和想象。课后基础班的5位同学着急走了，去准备明天的有机化学考试，我跟6位临床一班的同学交流，他们不考试。他们说："我们也愿意深入讨论，只是考试的压力太大，在这儿就只能这样了。"我说："你们要学会提问题，比如雌激素真的能治疗骨质疏松吗？有什么证据？这就是循证医学，医生看病不能光凭经验或者人云亦云，应该追问证据。还应该进一步问这些证据是怎么得来的、用什么实验方法、有无人群实验、设计是否合理？等等，这些问题能帮助你开阔思路，不限于书本那些现成的知识，而且还能帮你深入到事物的本质，大家在这些方面进行探讨，就能激发兴趣，活跃思维，这就是发挥想象力。如果我们满足于弄清楚大大小小的概念，而提不出深入讨论的问题，就是没有想象力，也许你只会当一个会看病的医生，而不能成为研究者和发明家。"

现在讨论的很多问题都是重复，这点同学和老师都已指出，问题是如何解决。我想，其中一个办法是，不要在概念性问题上纠缠，不要为了表示参与而不得不说，这样就能节省时间，讨论更重要的问题。为此，能否PBL课不考试，而以其他方式考查，彻底减轻学生的考试压力，让他们思想解放，去想象去探索，这是学校应该考虑的。

十、一个月后再听 PBL

(2011年12月15日，下午1：30~4：30，

地点：逸夫楼305，老师：李由，

题目：乳腺癌，第二次讨论，学生：基础医学专业09级，

临床医学专业1、4班12人，7男5女)

10月我听过3个课题讨论，每个课题讨论3次，每次半天，共9个半天。11月我没来听课，隔了一个月再来听课，我想看看有什么变化。今天是这学期10个课题的最后一个课题的第二次讨论，题目是乳腺癌的诊断与治疗。我早早来到305教室，这个教室有点眼熟，我第

一次听 PBL 课就在这儿。同学陆续来了，老师来了。一位高个子男生背着书包进来了，边走边说，"没查到什么东西，往哪个方向查？基本上找人一说就过了，没什么可看的啊。"老师说："是不是这个课题比较简单，诊断比较明确，就觉得没什么可深入查的啦？……我看今天就你当主席好吗？不过别为难，正因为你说没东西可查，所以多给你一点压力，带大家讨论，你就多动动脑筋吧。大家有意见吗？没有，好，下面的时间全交给你啦。"那位同学也不推让，反正从这学期开始，大家轮流当主席都习惯了，也练出来了，让当就当，大大方方。韩立同学主动当记录员。就这样开始讨论。

主席说："那就先从基础知识说吧。"一位男同学讲乳房的解剖结构，韩立打出一张解剖图谱，三四个人补充乳房的发育。

老师问："哪些内分泌与乳腺发育有关系？"几个人说："雌激素。"主席问："你们的资料来自哪里？"有的说来自生理学，有的说来自乳腺肿瘤专著。

主席让于谦同学说说乳腺的功能。老师问："不同形状的细胞功能有什么不同？"于是大家讨论形态与功能的关系。

老师问："乳腺发育和功能受什么激素调控？发病时哪些环节出现了问题？"在讨论乳腺增生与乳腺癌的关系时，老师问："病理学诊断方面，你们有病理图片吗？正常与异常怎样区别？"

我感觉老师提的这个问题很重要，学会看病理切片应该是重点。大家应该查到很多病理组织图片拿来分享和讨论。但是主席好像没注意老师的意图，转而让同学讨论乳腺增生的定义以及乳腺癌的危险因素。同学也没有表示想看病理组织图片的意愿，而是更倾向对信号传导和易感基因感兴趣。虽然说出一大堆基因的名字，却没有人问这些基因是怎么发现的。

这是传统的学习方法，念书，记住书上说的一些知识，不问这些知识是怎么来的，也不会质疑这些知识是否有意义，或者是否正确。我以为，这样的学习方法应该改变，应该提倡探究式的学习，学会追问，学会提问题，学会探本穷源，不停留在表面。

这时主席说："分子机制简单了解一下就行了，让我们讨论乳腺癌

第五章 我看 PBL 教学

的转归吧。……"

休息 5 分钟以后大家回到教室，主席让韩立念这个课题的第三次讨论的文字材料：治疗及预防，然后大家提问题，准备下次课讨论。

主席说："重点都讲了，是不是到此结束？"

老师说："大家总结一下思路，学习病理学要知道病理切片是癌症诊断的金标准，其中 HE 染色与组织化学染色有什么区别？因为 HE 染色的片子给不了很多信息，而组织化学染色片子恰好能弥补这个缺点，组化染色可以提供标志物。所以大家还是要放开思路，深入探究，特别是你要设身处地想，你是一个临床医生，甚至你就是病人的亲人，要想尽办法对病人作出正确的判断，还是有东西值得深入探讨的。"

这堂课同学的情绪是，认为乳腺癌比较简单没东西可学，又面临其他科的考试，所以不像以前有热情。一开始那个男生的话就代表这样的情绪。我感觉老师在这堂课中起到了教练员的作用，讨论不下去的时候他能及时提出启发性的问题，讨论偏离方向的时候能及时拉回来。虽然老师讲话不多，但都是有启发性的发言，他不直接给出答案，而是让学生自己去查。李由老师是细胞生物学系的，虽然他的专业不是病理学，但他的研究方向是乳腺癌的分子生物学，他对这方面的研究进展很清楚，所以他提的问题有针对性和启发性。从他对学生的指导来看，他理解了 PBL 教学的要义。

要说学生的变化，我看首先是对 PBL 教学的过程很熟悉了，每个人都轮流当过主席，掌握讨论的节奏，照顾每个人发言，很自如。同学间的交流很充分，相互提问，解答，倾听，没有任何障碍，但争论很少。我想，这可能是由于没有涉及实际问题需要大家讨论对策的缘故。比如一个同学问一个概念的含义或者把一个概念解释错了，另一个同学照书一念就完了，不需要争论。但是如果涉及为了解决某个问题需要研究一个方案，那肯定会有争论。我想我们需要让同学参与这样的讨论。PBL 训练了自学能力，资料共享，和提出问题能力，围绕着每个病例都能提出很多问题，对于巩固所学和扩大知识面很有好处。这些进步在我离开一个月后重返课堂的时候看得更清楚。需要加强的地方是探究学习，同学提的问题一般都是书上的概念，似乎还是停留在弄懂概念的阶段。看到的资料也多是教科书或手册、指南，就一个问题深入查文献好像还不行。就我观察到的这四个课题讨论，我感觉，缺少的是动手做，现在还是纸上谈兵。PBL的基本概念是基于问题的学习。基于什么问题？是情境中的问题，实际问题。在实际情境中学习解决问题的方法。按说，每次课题讨论都是实际的病例，为什么缺少动手做？主要原因是：①在指导思想上，最初的目标就是巩固基础知识，不要求解决实际问题；②在课题设计上，每个病例分成三次讨论，每次发给一次讨论的简介，这里没有太多悬念，没有学生自己考虑解决问题的余地。在美国，PBL教学强调在结构不良的问题中学习，亲自参与调查研究、收集材料、解决问题。（Linda Trop, Sara Sage著．刘孝群，李小平译．基于问题的学习——让学习变得轻松而有趣．北京：中国轻工业出版社，2004：40-47.）而我们给学生的课题都是结构良好的课题，学生只需要看书查资料，并不要求解决实际问题。这可能就是学生感觉没东西可挖掘的原因。

十一、让我们思考

（2011年12月19日星期一，下午1:30~4:30，地点：逸夫楼305，题目：乳腺癌，第三次讨论，老师：李由，学生：基础医学专业09级和临床医学专业09级一班12人，7男5女）

今天讨论乳腺癌的治疗，有的同学照书念乳腺癌改良根治术等很专业的技术，手术怎么做，为什么术后上肢水肿等，老师说手术是很专业的问题，现在没有经验，讨论起来都是空的。不如讨论乳腺癌化学疗法，这很重要，化疗的机理是什么？表柔比星（抗生素类，大剂量）、多西紫杉醇（植物抗癌药，作用于有丝分裂，小剂量），以及赫塞汀靶向治疗的原理是什么？有同学问有没有癌症治疗的标准方案？是否必须FISH检查出来以后才用赫塞汀？同学又对这些问题展开讨论。FISH是荧光原位杂交技术的英文缩写。应该是乳腺癌诊断的金标准。

第五章 我看 PBL 教学

老师说，学习病理学注意力应该放在诊断上，而不在治疗上，因为以后上临床还会学习治疗，现在了解框架就行了。学习方法最重要，大家看文献不要只看课本，课本知识太陈旧，要看杂志文章，不仅看中文的，光看 CNKI（中文期刊全文专题数据库）不行，还要看英文的。

我记得以前我曾经建议，应该尽快补上文献课，以便学生深入查文献和探讨问题。老师今天准备了 3 篇英文文献，告诉大家怎样阅读，并且说要把自己领域最重要的杂志挂在电脑首页，每天上班都要浏览一下，看有什么新进展。他问大家怎么看文献？大家对这个很兴趣，但不得要领。于是他就从如何看一篇文献讲，前言、材料和方法、结果、讨论。学生听得津津有味，不时还提问题。老师在上节课就发现学生不会查文献，不会看文献，今天他是有针对性地介绍这方面的知识，大受学生欢迎。老师讲的不是病理学的内容，也不是细胞生物学的内容，而是针对学生缺乏的技巧，而这对于如何做科研是非常重要的基本功。这样的指导是适时的、正确的，如果老师看到了问题而不讲，那对学生就是一个损失。课后我问韩立同学以前是否上过文献课，她说从来没有人讲过，感觉老师介绍的怎样查文献看文献特别重要，收获很大。

讨论治疗问题告一段落，主席又提出对癌症病人的护理及人文关怀。一位同学说，护理学上说病人常见的有焦虑、抑郁，家属有危机感、自责或者放松治疗等，要积极想办法，病人以后可以考虑乳房再造、生活指导等。主席回顾了第三幕的问题以后问大家是否还有问题，大家说没了。这时老师问大家，看过 FISH 图吗？同学说没看过，于是老师边演示 FISH 图边讲解。最后老师说，按照所提供的本案例讨论课参考材料，希望大家掌握这样一些知识点：乳腺的解剖、组织结构、淋巴回路；生理方面，内分泌与乳腺发育及乳汁分泌的关系；病理学方面，良性与恶性肿瘤的联系、病理组织学的分类；临床方面，肿瘤标志物的原理。

最后主席说，从开学到现在，反正讨论多次了，也总结多次了，意见也还是那些，今天就不再总结了，散会吧。

课后我跟老师说："我听了你带的这两次讨论，感觉很好，在应该老师说话的时候你都讲了，特别是你发现学生不会查文献看文献，你就讲了这方面的知识，教给他们学习方法，这很好啊。"

老师说："我感觉到了学生的学习方法有问题，我只是把我的经验告诉他们。"

我说："学生愿意听老师讲自己的经验。我们都当过学生，这是学生的心理，书上没有的东西，老师讲了，这对他们来说是很有用的。"

我说："这堂课是以病理学系为主，你的专业是细胞生物学，但是你带得很好，指导到位，掌握分寸，'度'掌握得很好。比如你强调肿瘤诊断的金标准是看病理片子，要学会看片子，说那是基本功。学生注意书本知识，往往忽略实际操作。你最后还问他们是否看过FISH图，并且还给他们演示讲解。我想起很多很多年以前，我刚从医学院毕业，到一个农村兽医站调查，接待我的是一位农大毕业的兽医，穿着白大衣，带着胶手套，正在作猪的尸检，还从显微镜下看病理片子。当时我很是羡慕他的基本功，还有点自愧不如。现在想一想，我们的学生是否基本功都很扎实呢？"

老师说："我不是病理专业，所以还是有些力不从心。好在我的研究方向是乳腺癌的分子生物学，所以讨论这方面的问题我还能插上话。"

我问："那怎么办？"

他说："最好是本专业的老师带。"

我说："老师不够啊。"

他说："我们现在每个小班只有十一二个学生，再增加一两个人没有问题，这样就可以减少班数，老师就够用了，不必再由非专业老师带。"最后他说："我们系的PBL课在下学期，欢迎王老师再来听我的课。"我说一定来学习。

听完这次讨论课，今年的PBL教学就都结束了，我听了四个课题讨论，学到很多，也给我留下很多思考的空间。

寒假期间，我又遇到韩立，我问她对PBL课程总的感觉如何，她说，"总体感觉挺好的，大家围绕病例提问题、讨论问题，还自己主持讨论，比光听讲课有意思。但是我觉得，好像还少了点什么——就是

第五章 我看 PBL 教学

动手做事。有的老师认为这次的 PBL 课不是为了解决问题,而是为了学好基础课,弄清基本概念,我想,如果设计这个课的目的真是这样,那我们自己念书就行啦,又何必用那么多时间呢?PBL 课的目的应该是学习一般课堂上学不到的东西,学习发现问题和解决问题的能力。"

上述的意见迫使我们必须思考:到底 PBL 是什么?它对我们学生和老师的想象力、好奇心、创造性思维以及动手能力有什么影响?

第六章　度、以美启真与教育批评

我所听过课的老师大多是中青年的教授、副教授，教学科研的骨干。在听课中我感受到我们的教师有两大优秀的品格，一是他们的敬业精神，表现在对教学工作充满热情，认真备课，努力上好每一堂课，对学生关心爱护和帮助；二是他们的专业知识深厚，学有专长，可以说大多都是经验丰富的专家。我也感觉到他们在教学中的不足，一是对教育理论研究不多，大多数还是以灌输式的讲课为主，讲课内容多，基本上没有讨论；二是对教学艺术研究不多，他们可能以为只要按教学大纲的要求内容都交代清楚了，就达到要求、完成任务。虽然常说教学是一门艺术，但是，可能很少人真正考虑过如何让自己的教学充分展示艺术性。讲求艺术性就是讲求美，审美。艺术与科学是互相渗透的，艺术中有科学，科学中有艺术，教学既需要科学，也需要艺术。我们常听学生反映老师讲课内容太多，速度太慢，其实这里面就有美学问题。讲课内容太多，就是不知道教材里哪些重要，哪些次要，哪些是忽悠人的。老师一概而论，就没有对比，没有节奏感。速度太慢就容易产生拖沓感，必须有快有慢，才有节奏，才能让人感到愉悦而不困倦。什么是美？美的一个最大的特征就是节奏感。所以，学生说有的老师讲课一点美感都没有，这话并不为过。

我在前面多处说过，几乎每次听完课我给老师的建议都是：少讲、多做、多讨论，从案例出发。而老师的反应是：少讲，教学大纲规定的不讲行吗？没讲到的，学生考试考不好怎么办？讨论、讲案例，没时间怎么办？其实矛盾并不那样尖锐。这中间少讲是关键。少讲就会出时间，就可以多提问、讲案例。问题是少讲需要突破考试和教学大纲两个框框，这需要想象力、勇气和理论的支持。少讲是迟早会发生的，试想，我们的课时数只有那么多，而当今时代信息量增长的速度真是望尘莫及！我们不可能给学生讲太多的知识信息，我们必须培养他们的智慧，教给他们学习方法，让他们学会自己去探索、去发明创造。怎样培养发展学生的智慧？就是让学生从经验中学习，包括从自己的经验、老师的经验、前人的经验和案例中学习。老师不是不讲而是少讲，留出时间让学生自己动手做，一起讨论，自己搞设计，做研究。在这过程中，老师是组织者、指导者和辅导员，是跟学生一起学习的探索者。

教学内容和讲课要少而精，这涉及哲学和美学问题。为了改进我们的教学，我们需要哲学、需要艺术、需要教育批评。

一、掌握一个"度"——我们需要哲学

我们的教育以马克思主义为指导，强调理论联系实际、教育与生产劳动相结合、与科学实验相结合、与社会实践相结合、与社会主义建设和民族复兴相结合。在制定国家中长期教育改革和发展规划纲要的建议中提出要着力转变学生的学习方式。把课堂教学改革的重心定位在转变学生学习方式上，把更多的精力、更多的时间、更多的创新精神投入到转变学生学习方式上，着力引导学生自主学习、合作学习和探究学习，提高学生的学习能力。

我们提倡少讲多做多讨论和从案例出发，就是要帮助学生建立科学的学习方法，提高学习能力，学会创造性思维、批判思维和自主学习。我们还应该更宏观一些，这样的教育方法不仅仅是为了培养有能力探讨科学知识的技术人才，更重要的是为了培养会跟他人对话交流、会交朋友、会倾听他人、会表达自己的社会的主人，如此才谈得上和谐创新发展。

哲学给我们提供了一个视角和思想方法，让我们更有理由和信心去实现这种教学理念。

什么是少讲？少到什么程度？这就要掌握一个"度"。著名哲学家李泽厚对"度"有深入的研究，他说："什么是'度'？'度'就是'掌握分寸，恰到好处'。为什么？因为这样才能达到目的。人类（以及个人）首先是以生存（族类及个人）为目的。为达到生存目的，一般来说，做事做人就必须掌握分寸，恰到好处。"（李泽厚．哲学纲要，北京：北京大学出版社，2011：129.）李泽厚认为"度"是哲学第一范畴，强调了实践是第一位的思想。他说："概而言之，'实践'作为人类生存——存在的本体，就落实在'度'上。'度'隐藏在技艺中、生活中。它不是流行的逻辑（归纳、演绎）所能推出，因为它首先不是思维而首先是行动。它是本体的非确定性、非决定性（ontological uncertainty, indetermination），它与美、审美相连，所以也才充分地表现在艺术——诗中、准确又模糊，主客体相同一的感受……如此等。"（李泽厚．哲学纲要．北京：北京大学出版社，2011：134.）

我们的教学应该掌握一个"度"。讲得太多又抓不到要领不好，讲得太少还没进入主题就收场也不好，这两方面对学生的认识和思维能力的提高都没有帮助。讲课要恰到好处，让学生感到老师的讲课、课堂组织有一种美感，愉悦感，既能让学生增长知识，又能启迪学生的心灵。以前我说老师讲课太多，常常是一人独白，很少跟学生交流。现在又产生另一种情况，有的老师在PBL教学中不敢讲话，有的老师说，你们学生是主体，我讲多了不好，还是你们讲吧。这反映了他们不太理解什么是"学生为主体"，也不知道如何当好辅导员；同时也反映了他们对度的把握不够。美国课程专家戈尔认为老师应该是讨论会的首席。怎样当好首席值得好好体会、研究。

有的老师怕少讲会影响学生的考试成绩，甚至影响将来的执业医师资格考试成绩。我觉得大可不必为此担心。试想，是培养学生的想象力和创造性思维重要呢还是应付考试重要？更何况这些学生经过多少考场的磨炼与拼搏，他们早已经是考场的老手啦，不必由老师抱着走啦。我们考虑当下如何教如何学，是为了将来学生的创造性思维和批判性思维能力的培养，而不应该从将来的执业医师考试出发去安排教学。

有的学生问老师考试的范围,老师说教学大纲的内容都考。我记得前些年有一位老师说教学大纲就是教学的宪法,我看这说法不正确,更没那么严重。至少,我看到的一些教学大纲有不少问题,例如,教学大纲是教科书上大大小小概念的罗列,很少有讲教学艺术的,更没有讲思维方法的;很多教学大纲不能做到定期修订。把这样的教学大纲当成讲课和考试的依据是不科学的,更不应该当做一成不变的教条。有老师反映,还真有人拿着教学大纲去检查老师的讲课,对照教学大纲问你某某概念为什么没讲。这确实有点可怕,也真够教条的。他们不理解课堂允许并且需要教师根据实际情况灵活机动地去处置,课堂不应该像铁路运输那样,一定按列车运营时刻表进行。教学大纲上有的,可以不讲,而是让学生自学,大纲上没有的,可以多讲,例如实际的案例、老师的经验、科研思路等,这些极难在教学大纲中看到的东西,恰恰应该多讲多讨论,甚至在课堂上让学生动手去做。

归根到底,教学需要掌握一个度,这就是哲学,我们老师需要学一些哲学,这样才能多一些想象力、创造力、批判力,少一些头脑僵化。

二、以美启真——我们需要艺术

我们要研究教学艺术。艾斯纳说"教学是美学经验的源头,是要依赖于对特质的感觉和控制,是启发式的或偶发的行为,是对生成性结果的追寻——教学可以被看作是一门艺术。……与其在这儿抱怨教学艺术,我们还不如试着去培养教师应该具备的艺术才能。"(艾斯纳. 教育想象:学校课程设计与评价. 李雁冰等译. 北京:教育科学出版社,2008:162.)

教师怎样培养自己的艺术能力?这对于我们医学院的教师来说,在种种压力之余再加上这个任务,岂不是妄言?其实,如果把它理解为美学的享受,那么这个任务则不难实现。闲暇之余看看画展,听听音乐,读一读唐诗宋词,再看看《美的历程》,偶尔也舞文弄墨,这样，我们把艺术修养变为一种品位，一种生活中的情趣和需要，自然就提高了美学修养，这种美学意识就会在不知不觉中渗透到你的教学中，给你带来想象力和创造力；潜移默化也会影响到学生的心理。

艾斯纳说，教学的艺术性之所以非常重要，是因为教师在课堂中的教学艺术不仅给孩子们提供必要的艺术经历，而且还能营造一种探索和冒险，并能培养孩子对待游戏的性情的氛围。要能带着自己的想法去游戏，就是能够自由地把自己投入到新的情境中，去经历，哪怕会"失败"。这就要求从概念中解放出来，否则就不会有幻想、隐喻和有建设性的奇思异想出现了。……在玩耍中引入自己创造的规则对其加以约束，这无论在艺术工作室，还是科学实验室，都是普遍可行的。虽然不同领域有着它们各自的逻辑、形式和规则，但是它们都同样需要这种产生发明和发现的玩耍。但是，要培养学生的这种性情，教师自己必须能自由地去改革，去探索，去玩耍。教学不像高效运行的流水线，以致所有的行为都只能按次序进行。教学其实更像是一场篮球赛或足球赛。（169页）

度与美、审美有什么关系？度掌握得好就是与自然节奏与自我感受合拍，合节奏，感到心身愉悦，这就是美感、自由感，美感也是形式感、秩序感。杜威说自然节奏与自然规律是同义词，举出了四季循环、昼夜更替、潮涨潮落、月缺月圆、呼吸循环、心脏跳动等一大堆自然、生命、人事、环境之间的各种节奏，以及轻重、大小、动静、推拉、涨缩、升降等规律。这都是形式感或秩序感。杜威指出科学与艺术尽管分离，却同样有节奏。李泽厚说："我感兴趣的是由智力理解了的抽象节奏，最终可以感受到。这正是科技领域内的'自由直观'和'以美启真'。'自由直观'是就主体说，'以美启真'就客观形式说，是同一件事的两个方面。它属于'创造性想象'或康德'先验想象力'的范围。"（李泽厚著. 哲学纲要. 北京：北京大学出版社，2011：199.）

"以美启真"是李泽厚发明的哲学词汇，正好用在教育上，那就是让我们的教育、我们的课堂充满美感，来启发学生的智慧，探求科学真理。从形式上看，老师讲课、提问、讨论、学生动手做等活动都安排得很有分寸、恰到好处，很有"度"，也就是说很有节奏感，很美，学生自然就受到熏陶，在他的内心就会产生一种美感、形式感或秩序感。长年的熏陶这种审美能力就会积淀为一种非逻辑的智慧，会导致他对新的形式感、秩序感的探索，这就是发明创造的源泉。李泽厚说："这是认识论有关发明的重要问题，是'理性内构'与'理性融化'、审美与科学渗透沟通的问题。秩序感是'以美启真'的核心。人通过独具个性的审美—秩序感的培育可以指向新的'发现'和创造。尽管科学中秩序感的审美（感知、想象、理解、情感）因素会迅速指向和消失在概念性的逻辑判断和复杂推理中，而不同于审美常驻和深化的艺术。"（李泽厚．哲学纲要．北京：北京大学出版社，2011：203.）

过去常说教学要掌握"三基本"（基本知识、基本理论、基本技能），什么是基本？也是度的问题。讲得太多就不是"基本"而是"全面"了，那就会导致内容堆砌拥塞，上课拖堂，无节奏感，无愉悦感，不美。

从案例出发也是哲学问题。从案例出发，从经验开始，向经验学习，不只是介绍案例知识故事，而是学习案例中的思维方法。以美启真，我们需要科学也需要艺术。什么是美，美是节奏，课堂的节奏感，讲课的节奏感，讨论问题的节奏感，内容的节奏，多少、有无、强弱、繁简、虚实、疏密、留白、对比等形式感秩序感，都是美学问题，要让学生在无声的美育中培养审美。感受形式感、秩序感即是审美。对旧的秩序感不满足，从而希望突破旧秩序，这种力量即是想象力和创造力。想象力从何而来？从审美来，从突破秩序感、形式感而来，我们的课堂想象力，也与审美有关，对形式的突破，从不同的视角，想象出没有的东西，从讲课内容、呈现方法、课堂组织、启发性问题的提出、讨论的深入等，都可以有所突破和创新。

从案例出发也是从个别到一般，从个性到共性的认识过程，从个别的形式感到系统、自然、社会的形式感。从案例出发就要解剖一个麻雀，而认识一个麻雀不是我们的目的，通过一个麻雀认识鸟类，甚至想象更广，想到鸟类与哺乳动物有什么区别和联系，与人类有什么联系，从鸟类的自由翱翔幻想人能上天，到发明飞机等，才是我们的真正目的。李泽厚说:"这里要指出的是,由形式感受和自由直观导向真理即"以美启真",这里"美"即形式感。只是开拓领悟真理的门户,最终找到真理,仍然需要经由演绎(推理)归纳(实验)的逻辑通道。这也就是审美形式感与"经验合理性"的关系。尽管"以美启真",但美不必即真,真不必即美。其一是感受,另一是认识。认识是概念性的,领悟是感受性的,领悟不即是认识。对感受、领悟加以敏锐的捕捉和确定,再经过长久的思索、琢磨,经由概念、判断、推理表达出来,这才是认识才是科学。形式和对形式的审美感受千门万类、千差万别,因个体身心的不同,掌握、感受、领悟也有所不同。科学家的发现包含大量的选择因素,这选择便与个性差异密切相关,凸现出个体的创造性。但这创造性既存在于形式感的审美感受和领悟中,也呈现在寻找出由感受到思维、由审美到概念的逻辑通道中。"(李泽厚. 哲学纲要. 北京:北京大学出版社,2011;182.)

我们的课堂教学分门别类,各式各样,没有办法也没有必要每堂课都要讲一下哲学,但是老师自身的哲学修养是应该有的,有一定的哲学修养,上课的时候就会自然流露、渗透到课程中,就会潜移默化对学生产生影响,这就是熏陶。学生生活在这样的充满哲学气息的环境中,感悟着"度"、"美"、"以美启真",那对他们的成长,对他们的想象力、创造力的培养必定会有巨大的帮助。

三、鉴赏与评价——我们需要教育批评

(一)我们为什么缺乏教育批评

艾斯纳说:"真正的教育的特征就是学生能够积极地参与课堂活动。"如果我们的批评抓住了这一点,也就是抓住了教育的基本问题。一次研讨会上教育处副处长说:"评估是件大事,起导向作用,我们搞了多年量化评估，如何做好评估心里没底，这次去美国学习半年，回来后还是没底。曾问一位资深的美国教授，他的建议是多听听老师的意见。"我对这几句话很兴趣，因为不但搞了多年还是心里没底，而且美国的专家也没底，为什么？我想是因为量化评估太科学太理性，以至根本不需要量化的细节都要不厌其烦地量化，量化变成了细化，然后给那些细节打分、计算、统计均值加减标准差，画出分布图……。量化-细化的结果混淆了事物的轻重缓急，把教师的思想引入了统计分析而忽视主要矛盾的歧途。例如，我在上面谈到的教学中的度—美—以美启真问题、教学艺术问题，就没法量化评估，而是需要质性研究和质性评估。还有一个悖论可能没被认识，就是考试成绩的分布要求是正态分布，成绩突出好的和不好的都要有一定的人数。想想我们的教学目的，是让学生都达到要求，但是考试的要求却是要有个别人不及格，这不是自相矛盾么？

在看到这种量化评估对教学管理的积极作用的同时，是否考虑过它的缺点和问题呢？除了量化评估以外是否还有其他的评估方法呢？答案是肯定的，教育批评就是一种可供选择的方法。我们需要教育批评，但我们长期以来缺乏的恰恰是教育批评。看看教育研究杂志你就会发现，很少有研究教育本质的有分析有深度的批评文章，多数研究都是某个问题的统计分析，不需要统计的也弄些统计图表，以显示科学。刚才我说让我感兴趣的是那位美国专家也没给出量化评估的好方法，是因为量化评估就是从他们那里发源的，美国学校教育占支配地位的意象是工厂，教和学占支配地位的意象是流水线。这些意象低估了教学的复杂性。（艾斯纳. 教育想象：学校课程设计与评价. 李雁冰等译. 北京：教育科学出版社，2008：386.）我国的现代教育主要是从西方传入的，我们学习西方好的理论和方法，也难免不受他们坏的东西的影响。工业化的深入发展，科学的深入人心，强化了教育教学的科学化理性化，一切以科学为原则，而数学又是纯科学，所以把一切东西都用数学来处理，以为那样就相当的、格外的科学啦。殊不知，人类的大脑除了具有理性思维能力的一面，还具有非逻辑、非理性思维的一面，形象思维、顿悟、审美等，就不是理性思维。而这方面的功能对想象力、创造力的发展非常重要，好些大物理学家喜欢谈论科学美，他们甚至说，宁肯相信自己的美感、直觉，而不相信实验数据。所以，量化评估可以搞，但不要搞过头，而我们过去缺乏的不重视的质性评估——教育批评，现在应该来一个发展提倡。通过其他文化形式所使用的描述、表达和评价的方法，我们能够使教育生活的复杂性和重要特征变得生动起来。这是一种批评的方法；在教育领域中我们可以称之为教育批评。（艾斯纳著，李雁冰等译．教育想象：学校课程设计与评价．北京：教育科学出版社，2008：407．）

（二）鉴赏，批评，指引

　　质性研究范式的运用是在艺术中发现的。艾斯纳引用杜威的话，批评的功能是对艺术作品感知的再教育。在这种视界下，批评家的任务首先不是进行判断，而是"撩开遮住视线的面纱"，这一项艰巨工作。鉴赏和批评之间的主要区别是：鉴赏是欣赏的艺术，而批评是揭露的艺术。（艾斯纳．教育想象：学校课程设计与评价．李雁冰等译．北京：教育科学出版社，2008：220-222．）

　　只有拥有了一定经验之后，才能发展出高超的鉴赏水平。一个人必须拥有大量的课堂实践经验，才能区别在某个实践体系中什么是最重要的。（艾斯纳．教育想象：学校课程设计与评价．李雁冰等译．北京：教育科学出版社，2008：223．）

　　教师最有资格做教育批评，集体备课、检查性听课、相互听课都是教育批评的好方法，课后大家交流，把听课的感受、优缺点、改进措施记录下来，从不同的视角发现别人没有看到的细节，而这些细节又是对教育很有意义的事件，用艺术的手法写成文章，留作资料或发表出来，就是一篇教育批评的论文。实际上这就是教育研究。批评必须有的放矢，有视角，有高度，这就需要学习、实践、积累经验。艾斯纳说，为了发展鉴赏力，一个人必须具有感觉精细、变成人类行为的学生、集中注意于自己的感知的热望。观看是一个基本的条件，但观看是要从事的基本工作，只有明了才能达到目的。（艾斯纳．教育想象：学校课程设计与评价. 李雁冰等译. 北京：教育科学出版社，2008：223.）

鉴赏问题受到忽视，是由于做教育研究的人很少把时间花在课堂中造成的。教育研究的一般倾向是，使用那些便于管理和打分的工具。把复杂的课堂行为简单化。教育鉴赏的发展，不仅需要对日常教育生活细节的敏锐感知，而且也需要对课堂结构方式的细节的识别能力。我听过几十位不同系科老师讲课，经验是从点点滴滴积累起来的，是一个不断学习的过程。比如，从只注意上课纪律，考勤，到观察课堂活动，师生交流，又到探讨课堂想象力，课堂美学问题、哲学问题，都是在实践中学习总结的过程。随着时间和经验的积累，以及对理论的学习，对问题的观察就会逐步深入，视角也会不断扩大。在这里，我要特别强调的是理论学习的重要性。一位著名的社会学家米尔斯说过，理论的敏感性能指引研究者去不断变换视角，观察和发现别人不注意的细节。所以要保持理论的敏感性。李泽厚也说，做文艺批评主要靠感觉，没有感觉就做不好批评，别林斯基比别人厉害，就因为有感觉，他能敏锐而准确地感受到作品的风格、性状，作家的才能特征，加以说明论证，使作家和读者双双受益。（李泽厚，刘绪源. 该中国哲学登场了？李泽厚2010年谈话录. 上海：上海译文出版社，2011：43.）

艾斯纳说，谈论观察到的教育事件的关键性和意义，不仅需要对课堂生活质量的敏感性，而且需要一套信念、理论或者模式，以使人们从琐事中区分出重要之处，并把所看到的事情理智地放在恰当的场景中。这个过程并非次序性的：我们不是先看到，然后估价意义；正是我们确定的价值观念，在我们的感知过程中起着作用，在几千种可能性中选择出我们要看的东西。感知的关键在于它是一种选择，不存在任何价值中立的观察模式。……鉴于理论对感知的影响，发展教育鉴赏比单纯培养某种特殊辨识能力要复杂得多。（艾斯纳. 教育想象：学校课程设计与评价. 李雁冰等译. 北京：教育科学出版社，2008：225.）

当我们把对教育的观察和感悟写成文字的时候，就成了教育批评的文章，我们希望与读者分享我们的发现，我们力求对读者有所帮助，有所指引，让他们看到以前没有注意到的东西，那些细节，以及其中的意义，甚至教学中的美。艺术家画的线条比照相机照下来的线条美，因为那是艺术家的创造，心血的结晶。我们希望每一位老师都有自己的特点，都愿意追求个性。现在有的教师喜欢从网上搜集材料，制作自己的课件。可是我们发现，网上有些PPT课件抄来抄去；有的老师讲课的课件年年如此很少更新；有的科室为了教学内容的统一，大家用同一套课件。这些现象都不能体现个人的特色和创造，所以不能说是美的。

（三）教育批评指引帮助发展审美和想象力

一部红楼梦引发多少海内外学人的评说，以至发展成一个"红学"研究。如果没有人评说红楼梦，也许我们至今也不明白其中的奥秘。正是："满纸荒唐言，一把辛酸泪，都云作者痴，谁解其中味？"文艺的发展需要有文艺批评事业的发展，同样，教育的发展需要教育批评事业的发展。批评的写作以及阅读都应该提供洞察和理解。无论在形式上还是内容上，批评应该加深我们对问题的看法、应该对教育进程有所助益。艾斯纳说，批评是一种艺术创造，批评家需要去发现那些微妙而复杂的细节，必须欣赏事物表现出的意义和隐含的意义，还必须用他们的语言生动地描绘出那些意思。这样做的目的不是要发现什么规律，而是希望予人以启发，为那些心系教育的人们提供不同的理解，以加强他们的教学或职业思考能力。教育批评家可以帮助人们发现教学中的美，有时觉得这很抽象，其实是因为这个美没有被感知，经批评家一指点，才恍然大悟。例如，常见老师在台上讲，学生在台下烦躁不安，为什么？通常都是从讲课的技巧上评说，若换个角度从审美的角度，就可以提出不同的理解：老师只顾自己讲，与学生没有交流，课堂就没有变化，内容太多没有重点，就没有节奏感，平淡无奇，就是没有美感。科学发展也有美学，导致科学技术的发现发明有很多因素，科学家的长期的刻苦钻研、思考可能没有任何进展，忽然有一天，顿悟起了作用，解开了难题。但还有很多人没有顿悟到，就很不幸地默默无闻继续研究，或改行干别的去了。顿悟是什么？就是

第六章　度、以美启真与教育批评

"自由直观"，就是对形式感、秩序感、美感的发现。因此，如果老师上课只是讲概念，不讲科学发现的过程，不仅不生动，而且给学生的思维培养造成损失。如果老师告诉学生"以美启真"的道理，他们就会理解科学跟美学有密切的联系，就会自觉地学习培养美学品格，发展想象力和创造力。

再举一个例子——考试。每当我去看考场的时候都有一种难言的感觉，不是滋味。考场注意事项：按号就坐，隔行坐，书包放在讲台上，学生证放在桌子的右上角。学生有的从容，有的紧张，有抓紧时间交谈两句的，有看两眼书的。气氛异常紧张。我在试问自己，考试是检查老师的教学呢，还是检查学生的学习？无论是为了什么，其功能都是有限的，这是很清楚的，考试的分数能提供给改进教学多少有用的建议？除了最后分析成绩分布图和筛出一两个不及格者，还有什么用呢？也许考试可以督促学生学习，但是都知道学习的动力是理想和兴趣。我们若要学生学好，首先课程的内容要好，要研究教学艺术，学生不仅听，还要动手做，动口说。再说，看学生学习的好不好，不是看他能回答几个讲过的问题，更重要的是看他能不能解决实际问题。因此除了考试，学校还有其他的方法考察学生的学习以及教师的教学。如果采用后面的方法，对改进教学会有更大帮助。少给学生点无谓的压力，让他们在轻松愉快的环境中学习，充分发挥个性，有利于培养想象力创造力。从这方面考虑，现在的考试方法不适于考察学生的个性化。要考察学生的学习的个性化，必须在实际情境中，看他们的对问题的理解、处理、思路、探索与他人的合作等表现。学习的个性化问题也是美学问题，大多数情况下，发明创造都是个人能力的极大发挥，是对度的掌握、美感、以美启真的感悟。教育批评可以告诉人们怎样从美学的角度欣赏教学、改进教学。

我们需要教育批评，教育批评是一种质性研究，它揭示一些没被人们注意的细节，让人思考。我的信念是：少讲多练从案例出发。我们需要讲究度与美，以美启真。